Companhia Das Letras

VIDA DE DANTE

GIOVANNI BOCCACCIO nasceu em 1313, provavelmente em Certaldo, pequena cidade perto de Florença, onde passou a primeira infância. Obrigado pelo pai a se dedicar à carreira jurídica, Boccaccio, no entanto, desde cedo se apaixonou pelas Musas e se tornou um autor prolífico. Nos anos que viveu em Nápoles (1327-40), compôs várias obras, que vão do grande romance em prosa *Filocolo* (1336-8) ao poema em oitava rima *Teseida* (1339-41), entre outras. Em 1340 voltou para Florença, onde continuou a produzir incessantemente, alcançando o ápice de sua carreira com o *Decameron* (1349-51). Após o grande êxito do livro de novelas, Boccaccio se dedicou a tratados sobretudo em língua latina, como *De genealogia deorum gentilium* (Sobre a genealogia dos deuses pagãos, 1350-9) e *De mulieribus claris* (Sobre as mulheres famosas, 1361-2), dentre outros. Um dos mais importantes cultores da obra de Dante, foi responsável por um ciclo de leituras públicas da *Comédia* de 1373 a 1374, interrompidas pela doença que acometeu Boccaccio e o levou à morte no final do ano seguinte.

PEDRO FALLEIROS HEISE nasceu em Piracicaba, interior de São Paulo, em 1979. Formou-se em letras pela USP, em 2003, onde fez também o mestrado, concluído em 2007. Obteve o doutorado pela Università degli Studi di Roma "Tor Vergata", em 2011, com tese sobre a presença da obra e da figura de Dante no Brasil. Realizou um pós-doutorado na Universidade de São Paulo, em 2014, a respeito da poética de Boccaccio, sobretudo nas obras do período pós-decameroniano, que envolvem a *Vida de Dante* e *Sobre a genealogia dos deuses pagãos*. Desde 2014 é professor de língua e literatura latinas, primeiro na Universidade Federal de São Paulo, depois, a partir de 2018, na Universidade Federal de Santa Catarina. Publicou uma seleta da *Eneida* de Virgílio (Editora Clandestina, 2017), além de outros títulos traduzidos e artigos sobre poesia italiana, latina, brasileira e tradução.

GIOVANNI BOCCACCIO

Vida de Dante

Tradução, introdução e notas de
PEDRO FALLEIROS HEISE

COMPANHIA DAS LETRAS

Copyright © 2021 by Pedro Falleiros Heise

Grafia atualizada segundo o Acordo Ortográfico da Língua Portuguesa de 1990, que entrou em vigor no Brasil em 2009.

Penguin and the associated logo and trade dress are registered and/or unregistered trademarks of Penguin Books Limited and/or Penguin Group (USA) Inc. Used with permission.

Published by Companhia das Letras in association with Penguin Group (USA) Inc.

TÍTULO ORIGINAL
Trattatello in laude di Dante

PREPARAÇÃO
Guilherme Bonvicini

REVISÃO
Thiago Passos
Jane Pessoa

Dados Internacionais de Catalogação na Publicação (CIP)
(Câmara Brasileira do Livro, SP, Brasil)

Boccaccio, Giovanni, 1313-1375.
 Vida de Dante / Giovanni Boccaccio ; tradução, introdução e notas de Pedro Falleiros Heise — 1ª ed. — São Paulo : Penguin-Companhia das Letras, 2021.

 Título original: Trattatello in laude di Dante
 ISBN 978-85-8285-246-0

 1. Biografia 2. Dante Alighieri, 1265-1321. I. Título.

21-74603   CDD-920

Índice para catálogo sistemático:
1. Biografias 920

Aline Graziele Benitez — Bibliotecária — CRB-1/3129

[2021]
Todos os direitos desta edição reservados à
EDITORA SCHWARCZ S.A.
Rua Bandeira Paulista, 702, cj. 32
04532-002 — São Paulo — SP
Telefone: (11) 3707-3500
www.penguincompanhia.com.br
www.blogdacompanhia.com.br
www.companhiadasletras.com.br

Sumário

Introdução — Pedro Falleiros Heise   7
Sobre esta tradução   27

VIDA DE DANTE   29

Notas   97

Introdução

PEDRO FALLEIROS HEISE

*Viva a fama que é tua, e bem sabida,
glória dos florentinos, pois ingratos
assaz mal conheceram tua vida!*
BOCCACCIO, *Amorosa visione*, VI, 13-15

A *Vida de Dante*, apesar de ser um texto breve, é uma obra multifacetada. Ao longo de seus 230 parágrafos, encontramos a biografia de Dante, suas obras e datas de composição, a divulgação delas naquele tempo (visto que ainda não havia o livro impresso, apenas manuscritos), questões políticas, sonhos, discussões sobre poesia, anedotas, a criação do mito Dante, sem contar a história da própria obra de Boccaccio.

1. AS VERSÕES DO TEXTO E SEU CONTEXTO

Escrita logo após o *Decameron*, por volta de 1350, a *Vida de Dante* marca um dos momentos mais significativos do culto de Boccaccio ao autor da *Comédia*. Sua veneração por Dante se manifestou desde as primeiras composições poéticas; na verdade, praticamente toda a sua obra é permeada pela presença dantesca.

Originalmente concebido como um prefácio à compilação das obras do poeta florentino, Boccaccio retomou o texto outras duas vezes, deixando-nos um total de três versões, o que demonstra, entre outras coisas, sua preocupação com o tema.

A primeira das redações, que o leitor encontra aqui traduzida, é a mais extensa e, provavelmente, a mais conhecida. As outras duas são denominadas "compendiosas", pois, conforme indica o próprio termo, elas seriam uma espécie de resumo da primeira redação; mas, de acordo com Pier Giorgio Ricci, este termo é pouco preciso, já que "se trata de uma nova escrita, com caracteres próprios".[1] Com efeito, nas redações sucessivas, nota-se não só a supressão de longos trechos, mas ao mesmo tempo a ampliação de outros, como teremos a oportunidade de verificar mais adiante.

O problema filológico suscitado pelas três versões não foi de todo resolvido, tanto que ainda hoje são discutidas as datas de composição de cada uma delas e, consequentemente, a ordem dos textos (a datação usada atualmente é a proposta por Ricci: a primeira redação remontaria aos anos de 1351 a 1355, e as seguintes a 1360 e 1365).

O certo é que alguns críticos preferem a última, julgando-a obra mais refinada e limada: este é o ponto de vista, por exemplo, do eminente Michele Barbi (filólogo responsável pela primeira edição crítica da *Vita nuova* de Dante, referência até os anos 1990, quando surgiu a edição de Guglielmo Gorni);[2] já Giuseppe Italo Lopriore (um dos críticos da obra) privilegia a primeira redação, mas isso não o impede de fazer uma avaliação bastante diplomática ao comparar as três versões com a novela decameroniana de Melquisedeque e os três anéis. Nessa novela, Melquisedeque, interrogado por Saladino sobre qual religião era a verdadeira (se a judaica, a cristã ou a islâmica), conta a história de um rico mercador que possuía um precioso anel e três filhos. Antes de morrer, ele faz mais duas cópias do anel, de modo que cada um dos filhos pense ter herdado o precioso anel do pai. A conclusão da novela é que as três religiões, como os três anéis, acabariam valendo o mesmo tanto. Lopriore avalia em sua conclusão: "Pelo que nos concerne, deveremos, é ao menos o nosso parecer, nos limitar a argumentar como o arguto, pacato competidor do Saladino".[3]

Ainda antes de entrar no texto, convém recordar que, na década de 50 do século XIV, Boccaccio envia ao outro grande poeta de sua época, Petrarca, uma cópia (de seu próprio punho) da *Comédia*, precedida do texto sobre a vida de Dante. O poeta do *Canzoniere* afirmava não ter lido a obra dantesca; então Boccaccio, o maior apologista de Dante em seu tempo, insistiu para que Petrarca avaliasse e apreciasse aquela obra-prima. Mas ele não mandou apenas a *Comédia*, como se pode auferir dos manuscritos da Biblioteca Capitular de Toledo (ms. 104.6), da Biblioteca Vaticana (ms. Chigiano L.V. 176) e da Biblioteca Riccardiana de Florença (ms. Riccardiano 1035). Todos começam com uma das redações da biografia de Dante, seguida da *Vita nuova*, da *Comédia* e de algumas canções de Dante — com a diferença de que, no segundo e no terceiro manuscritos, Boccaccio acrescentará uma poesia de Guido Cavalcanti (a célebre "Donna me prega") com o comentário de Dino del Garbo (médico amigo de Cavalcanti), uma poesia sua em latim que incita Petrarca a ler Dante e, por fim, algumas das poesias do *Canzoniere* do próprio Petrarca, que Boccaccio havia copiado em uma de suas visitas ao amigo.

É desta mesma época a polêmica que acusava Petrarca de invejoso em relação ao poema dantesco. O poeta do *Canzoniere* responde a essa calúnia numa carta enviada ao amigo Boccaccio; no entanto, não entraremos nesse debate. Queremos apenas assinalar que Boccaccio, com esse feito, encerrava num mesmo quadro aqueles que viriam a ser os maiores poetas de sua época. No que concerne especificamente a Dante, Francesco Maggini, em artigo sobre o dantismo na obra do autor do *Decameron*, afirma que Boccaccio "pode, então, ser considerado o primeiro editor de obras dantescas, às quais preparava os leitores com a biografia do poeta".[4]

2. O TEXTO E A BIOGRAFIA DE DANTE
(FISIONOMIA, CASAMENTO E POLÍTICA)

Apesar de nos referirmos ao texto como *Vida de Dante*, o título da primeira redação é: *De origine, vita, studiis et moribus viri clarissimi Dantis Aligerii florentini, poete illustris, et de operibus compositis ab eodem* ("Sobre a origem, a vida, os estudos e os costumes do famosíssimo varão florentino Dante Alighieri, poeta ilustre, e sobre as obras compostas por ele"). Nas redações sucessivas, Boccaccio traduz o título para o italiano: *Comincia della origine, vita, costumi e studii del chiarissimo poeta Dante Alighieri di Firenze, e dell'opere composte da lui*. Hoje em dia, ao invés de usarmos esses longos títulos, além de *Vida de Dante*, a obra é conhecida também como *Trattatello in laude di Dante* ("Pequeno tratado em louvor de Dante"), devido a uma frase de Boccaccio na sua última obra de apologia dantesca, as *Esposizioni sopra la Comedia di Dante* ("Exposições sobre a Comédia de Dante").

Antes de citar a passagem, vale a pena recordar que esta obra foi o resultado da preparação para as leituras da *Comédia* feitas em Santo Stefano in Badia, em Florença, entre 1373 e 1374. Boccaccio havia sido encarregado de ler e comentar em público a obra-prima do poeta florentino, e recebeu até mesmo um salário por isso, mas teve que interromper as leituras no canto XVII do *Inferno*, talvez por problemas de saúde, talvez pelas polêmicas que a *Comédia* sem dúvida suscitara, pois ainda estariam vivos descendentes de muitos dos personagens citados no "reino da dor".

Voltemos ao passo, então, das *Esposizioni*, que se encontra no início da obra ao falar sobre a vida do poeta (*Accessus ad auctores*, § 36): "[...] dado que sobre essas coisas mencionadas já escrevi em seu louvor (*laude*) um pequeno tratado (*trattatello*), não cuido no presente explicá-las".

Conforme o título original, que começa com a preposição latina "*De*", comumente usada para indicar que o texto pertence ao gênero do tratado, o *Trattatello* versará sobre a vida (origem, estudos, costumes) e as obras de Dante; mas, como veremos mais adiante, Boccaccio vai além de uma biografia simples e acrescenta algumas digressões, além de trazer traços da figura do poeta que se fixaram definitivamente no imaginário popular no que tange a sua imagética. É o caso da descrição física de Dante:

> (111) Era, portanto, este nosso poeta, de estatura mediana e, ao atingir a idade madura, ficou um tanto curvadinho, e seu caminhar era grave e manso, sempre com honestíssimos panos trajado naquele hábito que convinha à sua maturidade. (112) O rosto era longo, o nariz aquilino, e os olhos antes graúdos que pequenos, as maxilas grandes, e o lábio superior avançava sobre o inferior; de tez morena, os cabelos e a barba volumosos, negros e crespos, e na face mostrava-se sempre melancólico e pensativo. (113) Por isso, aconteceu uma vez em Verona, estando já divulgada em todo o mundo a fama de suas obras, sobretudo a parte de sua *Comédia* que ele intitulou *Inferno*, conhecido por muitos homens e mulheres, que, passando ele diante de uma porta onde algumas mulheres estavam sentadas, uma delas disse às outras bem baixinho, mas não tanto que Dante e quem estivesse com ele não pudessem ouvir: "Mulheres, vedes aquele que vai ao inferno e volta quando bem quer, e traz aqui para cima as novas dos que lá embaixo

estão?"". Ao que uma outra respondeu com singeleza: "Realmente, deve ser verdade o que dizes: não vês como ele tem a barba crespa e a cor morena por causa do calor e da fumaça que há lá embaixo?". Ouvindo dizer estas palavras atrás de si, e percebendo que da crença pura daquelas mulheres provinham, o que lhe agradou, e quase contente que elas fossem de tal opinião, sorrindo um tanto, seguiu adiante.

Podem-se destacar dois momentos deste trecho: o primeiro trata do desenho do rosto de Dante, que passou a ser representado de acordo com essa descrição; seria suficiente recordar o retrato que muitos dos artistas do Renascimento italiano, por exemplo, fizeram do poeta, como Rafael Sanzio (na "Stanza della Segnatura" no Vaticano), Luca Signorelli (na catedral de Orvieto), ou Sandro Botticelli (nas ilustrações que fez para uma edição da Comédia). É curioso observar que mesmo com a recente reconstituição de seu "verdadeiro" rosto pela Universidade de Bolonha, em 2007, que não bate com a descrição que acabamos de ler, será difícil alterar a ideia que se formou do poeta com o famoso "nariz aquilino".

No segundo momento do trecho encontra-se uma referência curiosa relativa à circulação dos textos naquela época; a anedota contada acima representa o ponto de vista daqueles que *ouviram* falar de Dante, "o homem que vai ao inferno e volta quando quer", sem deixar de lembrar que, na ocasião descrita por Boccaccio, apenas a primeira parte da Comédia havia sido divulgada, e, ao que parece, logo se difundira por boa parte da Itália (de acordo com o trecho, Dante se encontrava em Verona).

Ainda no que tange à divulgação, apontamos mais um exemplo na parte referente às obras de Dante, quando Boccaccio narra de que forma o poeta "publicava" (no sentido de tornar público) os cantos da Comédia:

(183) Era de seu costume, quando havia feito seis, oito ou mais ou menos cantos, antes que outra pessoa os visse, mandá-los, de onde estivesse, ao senhor Cane della Scala, o qual ele mais do que qualquer outro homem tinha em reverência; e, depois que eram vistos por ele, fazia cópias para quem as quisesse.

Note-se, então, que primeiro o autor enviava os cantos a um senhor reputado, de modo a garantir a sua "autoridade" (algo como o seu "direito autoral", diríamos na linguagem de hoje), e em seguida fazia cópias "para quem as quisesse". Mesmo com esse sistema de cópias, vale recordar, até hoje não foi encontrado nenhum documento autógrafo de Dante.

Voltemos, porém, a mais um aspecto biográfico de Dante. Trata-se dos obstáculos que lhe trouxe o casamento. Com a morte de Beatriz, a família do poeta pretende sanar a ferida dando-lhe uma esposa. O julgamento de Boccaccio é severo (§ 46): "Ó mentes cegas, ó tenebrosos intelectos, ó pensamentos vãos de tantos mortais [...]", pois Dante, casado, não poderia mais se dedicar exclusivamente aos "sagrados estudos"; ele, que possuía um ânimo dotado para os grandes pensamentos, teria que dividir seu tempo com outras preocupações em decorrência do matrimônio: a mulher, os filhos e o dinheiro para sustentá-los.

Também a atividade política de Dante é reprovada por Boccaccio; e a animosidade do poeta em relação a seu partidarismo é tanta, que o autor lamenta ter que narrar um aspecto tão "vil" do poeta:

(170) [...] e aquilo que mais me envergonha em serviço à sua memória é que na Romanha é coisa conhecidíssima que qualquer mulher, qualquer criança que falasse de política e fosse contrária aos gibelinos, tê-lo-ia levado a tanta loucura, a ponto de fazer com

que ele atirasse pedras, se não se calassem. E com esta animosidade viveu até a morte.

Pode parecer um pouco exagerado afirmar que Dante teria atirado pedras em mulheres e crianças que lhe falassem mal dos gibelinos, até mesmo porque o posicionamento político do poeta parece não ter sido tão constante quanto querem alguns biógrafos. Mas, aqui, não podemos nos esquecer, o biógrafo é Boccaccio; com efeito, os excessos na narração da *Vida de Dante* fizeram com que esta obra fosse por muito tempo desacreditada como obra da fantasia do autor do *Decameron*. Foi apenas a partir da segunda metade do século XX que ela passou a ser considerada fruto de intensa pesquisa por parte de Boccaccio, parecer não compartilhado por todos os críticos da obra, como se verá a seguir.

3. BIOGRAFIA OU CRIAÇÃO DO MITO

Durante os séculos, a *Vida de Dante* passou por inúmeras críticas, principalmente no que concerne à veracidade das informações sobre a vida do poeta, em geral sem considerar as características desse gênero poético. No século XX, Aldo Rossi afirmava que Boccaccio "possuía sobre Dante quase o mesmo que também nós sabemos",[5] afirmação rebatida por Giorgio Padoan em resenha ao artigo de Rossi, na qual ressalta que o grande fervor suscitado pela obra e pela figura de Dante nos contemporâneos fizera com que Boccaccio se tornasse um verdadeiro pesquisador da vida e da obra do poeta: bastaria pensar nas cópias de sua própria mão da *Comédia* e de outras obras de Dante. Além disso, sabe-se que ele encontrou a filha de Dante, a freira Beatriz, a quem fora pessoalmente entregar uma recompensa em dinheiro como forma de indenização pelo exílio do pai. Assim, Padoan conclui: "compreende-se por que, seguindo seu instinto de narrador, ele escolheu algumas das informações, embelezando os particulares, florindo-os com ornamentos literários".[6] Houve, portanto, momentos em que a *Vida de Dante* foi desacreditada (na chave do verossímil realista), embora nunca tenha deixado de ser lida; hoje em dia, em relação à fidedignidade dos fatos narrados, a tendência dos críticos é de pensar que alguns daqueles fatos são historicamente verdadeiros, enquanto outros servem para fortalecer a narrativa (justamente como procedimento retórico).

Poderíamos entender os "ornamentos literários", de que fala Padoan, como um recurso cuja função se reflete na criação do mito Dante, como por exemplo:

> (121) Em seus estudos foi extremamente assíduo, todo o tempo que lhe era possível, tanto que nenhuma novidade que ouvisse podia desviá-lo deles. E, segundo contam alguns dignos de fé sobre este dar-se todo à coisa que lhe aprazia, estando ele certa vez em Siena, chegou por acaso ao estabelecimento de um boticário e ali recebeu um livrinho prometido tempos antes, muito famoso entre os homens versados, mas que ele ainda não tinha visto, e, sem tempo para levá-lo a outro lugar, ali mesmo, sobre a bancada diante do boticário, encostou o peito, ajeitou o livrinho e começou a lê-lo avidamente. (122) E embora pouco depois, naquele mesmo bairro e diante dele, alguns rapazes nobres, por ocasião de uma festa pública dos senenses, começassem a fazer muitos exercícios de armas, e com eles altíssimos ruídos dos espectadores (como nestes casos com vários instrumentos e clamores sói acontecer) e muitas outras coisas ocorressem capazes de chamar a atenção de qualquer um, tais como danças de belas mulheres e jogos de rapazes, nunca ninguém o viu mover-se dali, nem erguer os olhos do livro uma vez sequer; ao contrário, tendo parado ali por volta do

meio-dia, a tarde inteira se passou e ele o leu todo e compreendeu quase totalmente, antes que erguesse os olhos; afirmando depois, àqueles que lhe perguntavam como tinha podido resistir a olhar para festa tão bela como a que diante dele haviam feito, que nada havia ouvido; com o que, à primeira admiração dos que perguntavam, não indevidamente somou-se a segunda.

É de se notar que a narrativa de Boccaccio, no trecho acima, é formada por uma aglomeração de fatos que amplificam o simples ato de ler um livro. Assim, sua prosa assume a característica de um crescendo, um aumento gradual da intensidade da história que começa com Dante se ajeitando para ler o livro que lhe fora prometido, passa pela confusão da festa e chega às pessoas que ficam duplamente maravilhadas: primeiro por ele ter se concentrado na leitura, segundo por afirmar que não tinha ouvido nada da algazarra citadina.

O fortalecimento da narrativa que contribui para a criação do mito Dante pode também ser observado na maneira como Boccaccio qualifica a obra-prima do poeta florentino: é justamente no *Trattatello* que pela primeira vez encontramos o epíteto "divina" aplicado à *Comédia*. Vejamos em que momento isso acontece.

Boccaccio narra que Dante morre inesperadamente, e seus cultores não encontram os últimos treze cantos do *Paraíso*; assim, os filhos de Dante, Iácopo e Piero, que também eram poetas, resolvem terminar a obra que acreditavam inacabada:

> (185) [...] quando a Iácopo, o qual nisto era muito mais fervoroso que o irmão, apareceu uma admirável visão, a qual não apenas da estulta presunção o dissuadiu, mas ainda lhe mostrou onde estavam os treze cantos que faltavam à divina *Comédia*, os quais não haviam conseguido encontrar.

Mais tarde, ao que se sabe, o adjetivo "divina" foi impresso na edição veneziana de Ludovico Dolce, de 1555. Para precisar um pouco a questão, recorremos às palavras de um antigo comentador de Boccaccio, Oddone Zenatti, que observa: "[...] antes da edição de 1555, também em alguns códices da *Comédia* escritos no século XV, o *divina* tinha sido acrescentado à *Comédia*; *divinum poema* tinha dito Coluccio Salutati nos últimos anos do (século) XIV". Zenatti fornece ainda outros exemplos, mas conclui: "[...] todavia, ao Dolce e à edição veneziana cabe o mérito de ter alçado aquele epíteto às honras do frontispício, onde ficou".[7]

4. ALÉM DA BIOGRAFIA: BOCCACCIO HUMANISTA

Dentre os inúmeros estudos sobre a obra, gostaríamos de destacar ao menos dois dos mais recentes: o trabalho de Johannes Bartuschat, *Les "Vies" de Dante, Pétrarque et Boccace en Italie (XIVe — XVe siècles)*, de 2007, e o artigo de Saverio Bellomo, "Le novelle su Dante e il *Trattatello* di Boccaccio", de 2000, com o intuito de mostrar duas das várias possibilidades de leitura da *Vida de Dante*.

Em seu longo percurso, que abrange dois séculos de literatura italiana, Bartuschat constatou que "Boccaccio criou, com a sua *Vida de Dante*, um modelo, tanto para a estrutura da narrativa biográfica quanto para seus temas, que se revelará decisivo para a evolução ulterior do gênero"; revelou ainda, no que diz respeito ao conteúdo específico da biografia de Dante, que "[...] o *Trattatello* fixa as linhas diretrizes de todas as biografias posteriores consagradas a Dante".[8] Deduz-se daqui tanto o fato digno de nota segundo o qual "todas as biografias" sobre Dante tiveram por modelo o texto de Boccaccio quanto a sua classificação por parte desse estudioso no gênero biográfico, sob cujo viés analisa a obra.

Já Saverio Bellomo, por outro lado, em artigo cujo intento é o de demonstrar quanto na *Vida de Dante* seja exemplo de exímia narrativa de Boccaccio, coloca a seguinte questão: "Mas, é preciso se perguntar preliminarmente, o *Trattatello* é uma biografia?". A resposta nos parece mais que esperada: "Boccaccio, antes de biógrafo, é poeta".[9] Bellomo parece não fechar a leitura da obra em um único gênero literário; ao contrário, afirma que Boccaccio é poeta, no sentido mais amplo do termo. Com efeito, essa leitura ganha mais força quando se analisa uma parte do *Trattatello* da qual ainda não falamos: trata-se da digressão sobre a origem da poesia. É um tema bastante complexo que envolve outras obras de nosso autor e de outros escritores de sua época. Do parágrafo 127 ao 162, Boccaccio faz uma digressão na qual tece a defesa da poesia, que se articula em três partes: a origem da poesia, o que é poesia e por que os poetas são coroados com louros.

Boccaccio afirma que a poesia, antes de Dante, havia sido abandonada, sobretudo porque setores da sociedade a julgavam mentirosa, logo imoral, e não lucrativa, logo inútil. No entanto, graças à grandeza da obra dantesca, a poesia havia ressuscitado (§ 19). Não obstante, as críticas continuavam, de modo que Boccaccio aproveitará do enaltecimento do grande Alighieri para retomar a questão do lugar da poesia. De fato, a digressão é aberta com as seguintes palavras:

> (127) Mas, uma vez que tanto se perguntam as pessoas o que é poesia, o que é poeta, de onde veio este nome e por que com louros são coroados os poetas, o que parece ter sido explicado por poucos, eu gostaria de fazer aqui uma digressão, na qual possa elucidar essas coisas o suficiente e voltar, assim que puder, ao meu propósito.

Para responder a essa questão, Boccaccio compõe uma breve história da poesia (§ 128): "A primeira gente nos primeiros séculos, embora fosse rudíssima e inculta, desejou ardentemente conhecer a verdade com afinco, tal como ainda vemos ser o desejo de todos por natureza". Depois conta que, observando os movimentos da natureza, aquela "primeira gente" imaginou que tudo deveria proceder de uma potência divina, a qual chamaram "divindade"; a fim de cultivar estas divindades, propuseram-se construir "templos"; e os que deveriam servir nestes templos teriam que ser sagrados, homens dignos de se reverenciar, que foram chamados de "sacerdotes"; além disso, fizeram várias representações das divindades, com estátuas, vasos, vestimentas. Seguindo esse raciocínio, a "primeira gente" não poderia render graças a essas divindades com um estilo qualquer, conforme se lê nos parágrafos seguintes:

> (130) E, para que a tal potência não se fizesse honra tácita e quase muda, pareceu-lhes que com palavras de alto som deviam abrandá-la e torná-la propícia a suas necessidades. E assim como a julgavam exceder qualquer outra coisa em nobreza, assim quiseram que, longe de todo estilo plebeu ou público de falar, se encontrassem palavras dignas de ser proferidas diante da divindade, com as quais lhe rendessem sagradas orações. (131) E além disso, para que estas palavras parecessem ter mais eficácia, quiseram que fossem compostas sob a lei de certos ritmos, pelos quais se sentisse alguma doçura, e se afugentasse o aborrecimento e o tédio. E por certo não convinha fazê-lo em forma vulgar ou usual, mas sim engenhosa, primorosa e nova. A esta forma os gregos chamaram *poetes*, donde nasceu que aquilo que com tal forma fosse feito se chamasse *poesis*, e aqueles que o fizessem, ou tal modo de falar usassem, se chamassem "poetas".

(132) Esta foi, portanto, a primeira origem do nome da poesia, e por consequência dos poetas, embora outros atribuam outras razões para isto, talvez boas: mas eu gosto mais desta.

Na última frase parece-nos encontrar um Boccaccio irônico (ou arbitrário), que afirma simplesmente: "mas eu gosto mais desta"; porém, a nosso ver, aqui está a indicar a consciência do autor no sentido de que ele sabia que esta não era a única versão referente à origem da poesia. Aliás, ele mesmo, em outros textos, menciona outra raiz do vocábulo, para depois recusá-la mais uma vez. É o que se lê no já citado *Esposizioni sopra la Comedia di Dante* (exposição literal Canto i, § 70-71):

> Muitos julgaram, talvez educados mais por inveja que por outro sentimento, que este nome "poeta" é derivado de um verbo dito *"poio-pois"*, o qual, segundo querem os gramáticos, quer dizer o mesmo que *"fingo--fingis"*: este *"fingo"* tem várias significações, como "compor", "ornar", "mentir" e outros significados.
>
> Aqueles, então, que ao aviltar outrem creem exaltar a si, disseram e dizem que do dito verbo *"poio"* deriva o nome "poeta"; e dado que *"poio"* é o mesmo *"fingo"*, deixando de lado os outros significados de *"fingo"*, pegaram apenas aquele que significa "mentir", concluindo que "poeta" e "mentiroso" são a mesma coisa: e por isto desprezam e aviltam e anulam quanto podem os poetas, esforçando-se, além disso, em expulsá-los e exterminá-los do mundo, frente ao vulgo ignorante, gritando que os poetas, por autoridade de Platão, devem ser expulsos das cidades.

Boccaccio nega, na *Vida de Dante*, a etimologia que liga o verbo grego *poio, pois* ao verbo latino *fingo, fingis*, o que não é de se admirar, pois a poesia, segundo a perspectiva cristã, deveria dizer apenas a verdade. Outro modo de explicar a rejeição da etimologia correta seria lembrar que naquela época praticamente ninguém sabia grego; e aqui o problema se torna mais interessante, pois foi justamente Boccaccio o responsável pela criação da primeira cátedra dessa língua na Universidade de Florença, apresentando para o cargo o excêntrico professor calabrês Leonzio Pilato, de quem nosso autor ouvia a *Ilíada* e a *Odisseia* traduzidas em latim diretamente do grego. Como explicar, então, a insistência de Boccaccio em empregar uma etimologia falsa?

No *Trattatello*, o autor se limita a afirmar que poesia não é igual a mentira, mas nas *Esposizioni sopra la Comedia* ele chega a expor o que significa "*poetés*" (exposição literal Canto I, § 74): "Este modo de falar (utilizando a poesia) junto aos antigos gregos foi chamado '*poetés*', vocábulo que soa em latim 'excelente oração'; e de '*poetés*' veio o nome do 'poeta', o qual nada mais quer dizer senão 'excelente orador'".

Boccaccio afirmará o mesmo nas *Genealogie deorum gentilium*, monumental enciclopédia sobre a origem dos deuses pagãos, em cujo capítulo 7 do livro XIV se lê: "Seu nome (da poesia) é derivado não de *poio, pois* — que significa o mesmo que *fingo, fingis* —, como querem alguns, mas do outro termo grego *poetes* que significa excelente oração". O que interessava, portanto, a Boccaccio era recusar a associação etimológica do termo "poeta" com "mentiroso", ao mesmo tempo que procurava demonstrar a origem sagrada da poesia e sua manifestação, que é "excelente oração". Desse modo, o autor do *Decameron* abriria a estrada para dar à poesia o estatuto de profecia, e, consequentemente, ao poeta, o de vate, conforme registram os seguintes parágrafos da primeira versão do *Trattatello*:

(138) Se nós quisermos observar com serenidade e com razão, creio que poderemos ver muito facilmen-

te terem os antigos poetas imitado, tanto quanto ao engenho humano é possível, os vestígios do Espírito Santo; o qual, como na divina Escritura vemos, pela boca de muitos seus altíssimos segredos revelou aos pósteros, fazendo-os falar veladamente aquilo que, em seu devido tempo, por meio de obras, sem nenhum véu, pretendia mostrar. (139) É por isso que, se bem observarmos suas obras, para que o imitador não parecesse diferente do imitado, descreveram [...].

Mas teria Boccaccio inventado essas informações? Afinal, ele não estava sozinho na luta contra aqueles que chamavam os poetas de mentirosos, e buscava reforço para seus argumentos tanto nos textos antigos quanto nos poetas de seu tempo. E aqui entra sua amizade com o outro grande poeta da época, Francesco Petrarca.

5. BOCCACCIO E PETRARCA

Nas *Esposizioni sopra la Comedia*, Boccaccio declara explicitamente sua fonte em relação à etimologia do nome "poeta" (exposição literal Canto 1, § 73): "[...] deve-se saber, segundo meu pai e mestre senhor Francesco Petrarca escreve a Gherardo, seu irmão, monge de Cartuxa, os antigos gregos [...]", e conta, de modo mais abreviado que no *Trattatello*, praticamente a mesma história que lemos antes. A ligação entre Boccaccio e Petrarca se intensificou quando em 1351 se encontraram pela primeira vez; a amizade dos dois só teria fim com a morte de Petrarca, em 1374.

A troca de informações entre os dois foi de extrema importância para toda a literatura italiana do século XIV e europeia dos séculos seguintes; cabe ressaltar que se tratava de uma ação de dar e receber de ambas as partes, e não simplesmente uma relação de mestre-discípulo, por mais que Boccaccio insistisse em chamar Petrarca de "meu pai e mestre", conforme o trecho mencionado. A fórmula Petrarca-mestre e Boccaccio-discípulo vem aos poucos sendo modificada pela atual crítica tanto boccacciana como petrarquesca; não se trata de inverter a fórmula, mas sim de abolir qualquer esquematismo que enalteça um autor em detrimento de outro, pois isso traz consequências na recepção das obras, como é sabido.

Isso posto, deve-se saber que o intuito de Petrarca, na referida carta, era convencer seu irmão Gherardo, da ordem religiosa dos cartuxos, de que a poesia não devia ser desprezada por ter sua origem no mundo pagão, pois na verdade estivera sempre ligada ao sagrado, conforme revela uma de suas fontes, o bispo de Sevilha, santo Isidoro, autor das *Etimologias*. Daí Petrarca chegará a afirmar na epístola a seu irmão: "A poesia não é de modo algum inimiga da teologia. Ficas admirado? Pouco falta para que eu diga que a teologia é a poesia de Deus" (*Familiarium rerum libri*, X, 4, 1). Essa proposição será retomada por Boccaccio na primeira versão do *Trattatello* (§ 154): "Digo que a teologia e a poesia podem se dizer como que uma única coisa, quando a matéria for a mesma; aliás, digo mais: que a teologia não é outra coisa senão uma poesia de Deus". E Boccaccio fará coro mais uma vez com Petrarca ao mencionar como *auctoritas* para tal afirmação o principal filósofo grego comentado naquela época (§ 155): "E, por certo, se minhas palavras merecem pouca fé em tão grande coisa, não ficarei perturbado; mas creia-se em Aristóteles, digníssima testemunha de toda grande coisa, o qual afirma ter descoberto que os poetas foram os primeiros teólogos".

Parece, contudo, que o problema da associação entre poesia e paganismo não estava totalmente resolvido, pois se tratava de uma asserção polêmica, tanto que nas redações sucessivas do *Trattatello* Boccaccio reformulará seu argumento. Na segunda redação ele exclui a afirmação que associava a poesia à teologia, e na última versão do texto procura explicitar seu pensamento, no sentido de enquadrá-lo nos moldes cristãos: poesia e teologia não eram idênticas, mas sim semelhantes. Leia-se o seguinte trecho da terceira redação:

> (102) Bastante claro está, então, pelas coisas ditas, que a teologia e a poesia no modo de esconder seus conceitos procedem com semelhante passo, e por isto se podem dizer semelhantes. É verdade que o argumento da sagrada teologia e o da poesia dos poetas gentis é muito diferente, por isto que aquela nenhuma coisa esconde senão verdadeira, enquanto esta assaz errôneas e contrárias à religião cristã descreve; não se deve ficar muito admirado por isso, pois aquela foi ditada pelo Espírito, que é todo verdade, e esta foi encontrada pelo engenho dos homens, os quais daquele Espírito ou não tiveram nenhuma consciência ou não a tiveram tão plena. Eu poderia continuar a dar mais exemplos, se ainda um pouquinho alguns insensatos não tivessem me retirado deste pensamento.

Conforme se pode constatar pela última frase, a barreira moralística predominava, sobretudo por parte dos religiosos, que julgavam a poesia como coisa profana, e dos magistrados, segundo os quais a poesia não propiciava fins lucrativos, de modo que deveria ser excluída das cidades. Para tanto, essas duas classes da sociedade em que Boccaccio viveu tinham à sua disposição o discurso de Platão, que pretende expulsar os poetas da República, e de Boécio, que chama as Musas de meretrizes.

Eram dois, então, os problemas que Boccaccio procurava resolver: a associação da poesia com os pagãos e a questão de sua "inutilidade", um e outro problemas sérios que afligiam os ânimos dos cultores das belas-letras. Boccaccio assumirá uma posição, num primeiro momento, polêmica; é o que nos diz Vittore Branca, um dos mais importantes críticos boccaccianos do século passado:

> O princípio é claramente polêmico: Boccaccio quer eliminar os negadores da poesia, isto é, os ignorantes que se gabam como tais, os cultores de ciência divina que rebaixam as letras às seduções mundanas, os magistrados que as desprezam porque não produzem riquezas, os hipócritas que sob o pretexto de zelo religioso e gabando-se mestres infalíveis de verdade acusam a poesia de ser inútil, vã por suas fábulas, perigosa pelas lascívias e pelos elementos pagãos de que se deleita, condenada pelos maiores filósofos, como Platão e Boécio.[10]

A defesa da poesia parece-nos um dos pontos altos da obra de Boccaccio, pois se trata provavelmente do primeiro texto em língua vulgar, e não em latim, que não só descreve a origem da poesia, como ainda defende que ela seja escrita naquela língua. É certo que naquela época, marcada pelo descaso e pelas acusações de que os poetas eram mentirosos e inúteis, a poesia recebe um impulso revigorante com a coroação de Petrarca no Capitólio em Roma, em 1341, graças a sua produção poética em língua latina. Esta é uma diferença essencial entre Petrarca e Boccaccio: enquanto aquele eleva a glória da poesia latina, este elevará a glória de toda a poesia na sua *Vida de Dante*, como de fato afirma Ernesto Giacomo Parodi: "ele quis compor não tanto uma *Vida*, quanto um Louvor (*Lauda*). [...] o Louvor a Dante passava a ser o Louvor de toda poesia".[11]

Sobre esta tradução

O texto em que nos baseamos para a presente tradução é o da edição de Pier Giorgio Ricci, *Trattatello in laude di Dante*, in G. Boccaccio, *Tutte le opere*, Milão, Mondadori, 1974, v. III.

Devido às inúmeras dificuldades do texto, servimo-nos ainda de outras edições da obra de Boccaccio, a saber: *Vita di Dante e difesa della poesia*, org. por Carlo Muscetta, Roma, Edizioni dell'Ateneo, 1963; *Vita di Dante*, org. por Bruno Cagli, Roma, Avanzini e Torraca, 1965; *Trattatello in laude di Dante*, in *Opere minori in volgare*, org. por Mario Marti, Milão, Rizzoli, 1972, v. IV; *Trattatello in laude di Dante*, in AA.VV., *Dante e Firenze: Prose antiche*, org. por Oddone Zenatti (nova apresentação de Franco Cardini), Florença, Sansoni, 1984; *Trattatello in laude di Dante*, org. por Luigi Sasso, Milão, Garzanti, 1995.

Foram-nos úteis ainda as seguintes versões em espanhol e em inglês, respectivamente: *Vida de Dante*, introdução, tradução e notas de Carlos Alvar, Madri, Aleanza, 1993, e *Life of Dante*, introdução, tradução e notas de J. G. Nichols, Londres, Hesperus Press, 2002.

Para quem desejar ter mais informações sobre o processo de tradução, consultar Pedro F. Heise, "Notas sobre uma tentativa de tradução do *De origine vita Dantis* de Boccaccio", *Revista Morus*, Unicamp, v. 11, pp. 63-9, 2016. Quem se interessar pela defesa que Boccaccio faz da poesia, ver idem, "Boccaccio e a poesia", *Revista Morus*, Unicamp, v. 9, pp. 61-70, 2013; "O proêmio da *Genealogia deorum gentilium* de Giovanni Boccaccio", *Revista Anuário de Literatura*, UFSC, v. 19, pp. 202-14, 2014; "Le 'fabulae' di Boccaccio", *Revista de Italianística*, v. XXIX, pp. 71-83, 2015, com as bibliografias aí referidas.

Agradeço aos amigos Cide Piquet, Daniel Bonomo e Rafael Mantovani pela leitura prévia e pelas riquíssimas sugestões que permitiram aprimorar tanto o texto da tradução quanto o da introdução. Dedico esta tradução ao professor Pedro Garcez Ghirardi, *primus studiorum dux et prima fax*.

Vida de Dante

DE ORIGINE, VITA, STUDIIS ET MORIBUS
VIRI CLARISSIMI DANTIS ALIGERII FLORENTINI,
POETE ILLUSTRIS, ET DE OPERIBUS COMPOSITIS
AB EODEM, INCIPIT FELICITER

SOBRE A ORIGEM, A VIDA, OS ESTUDOS E OS COSTUMES
DO FAMOSÍSSIMO VARÃO FLORENTINO DANTE ALIGHIERI,
POETA ILUSTRE, E SOBRE AS OBRAS COMPOSTAS
POR ELE, COMEÇA COM BONS AUSPÍCIOS

(1) Sólon, cujo peito era reputado um templo humano de divina sabedoria, e cujas leis sagradas são ainda claro testemunho da antiga justiça, costumava dizer, segundo contam alguns, que toda república, tal como nós, deve andar e manter-se sobre dois pés; afirmava ainda, com madura ponderação, que ao pé direito cabia não deixar impune nenhum crime cometido, e ao esquerdo, todo bem feito recompensar; acrescentando que, se de qualquer dessas duas coisas, quer por vício ou por negligência, se esquivasse, ou insuficientemente as observasse, sem dúvida alguma a república que assim fizesse havia de ser manca: e se por desventura pecasse em ambas, quase certamente não poderia estar em pé de modo algum.

(2) Movidos, pois, por esta louvável sentença e clarissimamente verdadeira, muitos povos antigos e egrégios, ora com deificação, ora com estátua marmórea, amiúde com célebre sepultura, às vezes com arco triunfal e outras com coroa de louros, honravam os homens valorosos segundo seus méritos; as penas, entretanto, dadas aos culpados, não cuido contar. Com essas honras e punições as repúblicas assíria, macedônia, grega e por fim a romana cresceram, tocando com suas obras os confins da terra e, com sua fama, as estrelas. (3) Contudo, os vestígios das honras e punições de tão altos exemplos não apenas são mal seguidos por seus atuais sucessores, e sobretudo pelos meus

florentinos, mas tanto se desviou deles, que a ambição recebe o prêmio reservado à virtude; de modo que tanto eu como qualquer outro que queira enxergar isto com os olhos da razão, não sem grandíssima aflição de ânimo verá os malvados e perversos subirem aos lugares excelsos e sumos ofícios e serem recompensados, e os bons, enxotados, degradados e desprezados. Aqueles que governam o leme deste navio vejam que fim guarda o juízo de Deus para essas coisas: porque nós, mais baixa turba, somos levados pela maré da Fortuna, mas não da culpa partícipes. (4) E, embora se pudessem provar as coisas ditas com exemplos evidentes de ingratidões infinitas e inaceitáveis casos de remissão, para menos mostrar nossos defeitos e para chegar ao meu principal intento, será suficiente contar apenas um (e este não será pouco nem pequeno), recordando o exílio do ilustríssimo homem Dante Alighieri. Quanto merecia por sua virtude, ciência e boas ações este antigo cidadão e nascido em família não obscura, bem mostram e mostrarão as coisas que ele fez; coisas que, se tivessem sido realizadas em uma república justa, sem dúvida alguma lhe teriam rendido altíssimos prêmios.

(5) Ó cruel pensamento, ó desonesta obra, ó miserável exemplo e de futura ruína evidente indício! Em lugar daqueles prêmios, injusta e furiosa danação, perpétuo desterro, alienação dos bens paternos, e, se fosse possível, maculação da gloriosíssima fama por meio de falsas culpas a ele imputadas. (6) Tudo isto se torna ainda mais evidente pelas recentes pegadas de sua fuga, os ossos sepultados nas terras estrangeiras e a prole dispersa pelas casas alheias. Se fosse possível esconder todas as outras iniquidades florentinas aos olhos de Deus, que tudo veem, não bastaria esta única para provocar sobre si a sua ira? É certo que sim. Sobre aqueles que, ao contrário, são exaltados sem merecê-lo, julgo que seja digno calar. (7) De modo que, olhando atentamente, não só o mundo atual desviou-se do caminho do antigo, do qual falei acima,

mas para a direção totalmente oposta voltou os pés. Assim, parece bastante evidente que, se nós e os outros que vivem de maneira semelhante, contra a referida sentença de Sólon, nos mantemos em pé, nenhuma outra causa há para isto exceto que, ou pela longa usança a natureza das coisas mudou, como amiúde notamos acontecer; ou é especial milagre, por meio do qual Deus, pelos méritos de algum nosso antepassado, contra toda previsão humana nos sustenta; ou é a sua paciência, que talvez espere nosso arrependimento; e se este arrependimento não vier com o passar do tempo, ninguém duvide que sua ira, que com lento passo procede à vingança, nos reserve tormento ainda mais grave, que plenamente compense seu tardar.
(8) Mas, embora vejamos impunes as coisas malfeitas, além de fugir delas, devemos, a bem cumprir, nos empenhar em repará-las. Sabendo que sou daquela mesma cidade, da qual, considerados os méritos, a nobreza e a virtude, Dante Alighieri representou grandíssima parte, e eu pequena, e que por isto tanto eu como qualquer outro concidadão somos igualmente obrigados a honrá-lo; e ainda que, segundo minha pequena faculdade, não tenha capacidade para tanto, aquilo que essa cidade deveria magnificamente fazer-lhe, não o tendo feito, me arriscarei eu a fazê-lo: não com estátua ou com egrégia sepultura, que não pertencem mais a nossos costumes, nem para isto minhas forças seriam suficientes, mas com pobres letras para tão grande empresa. Estas tenho, e estas darei, para que não se possa dizer entre as nações estrangeiras que sua pátria foi totalmente ingrata com tão grande poeta.
(9) E escreverei, em estilo bastante humilde e suave,[1] já que estilo mais elevado não me empresta o engenho, e em nosso idioma florentino, para que daquele usado na maior parte de suas obras não destoe, as coisas que ele modestamente calou, ou seja: a nobreza de sua origem, sua vida, seus estudos, seus costumes; reunirei depois todas as suas obras, nas quais ele falou de si tão claramente

aos pósteros que minhas letras poderão proporcionar-
-lhes mais trevas que esplendor, embora não seja o meu
propósito nem o meu desejo; sempre contente, quanto a
isso e quanto a qualquer outra coisa, de ser, por qualquer
um mais sábio, onde eu defeituosamente falasse, corrigi-
do. (10) Mas para que isso não aconteça, humildemente
rogo Àquele que levou Dante a tão alta escada[2] para que
pudesse vê-lo, como sabemos, que ajude esta empresa, e
guie o meu engenho e a débil mão.

(11) Florença, dentre as cidades italianas a mais nobre,
segundo as antigas histórias e a comum opinião dos contemporâneos parecem querer, teve início com os romanos.
Crescendo com o passar do tempo e vendo-se repleta de
habitantes e de homens ilustres, começou a mostrar-se aos
vizinhos não só como simples cidade, mas poderosa. Porém, qual razão afastou-a de suas altas origens, seja contrária fortuna, ou adverso céu, ou os seus costumes, nos
é incerta; sabemos seguramente, contudo, que desde sua
fundação não decorreram muitos séculos até Átila,[3] crude-
líssimo rei dos vândalos e grande devastador de quase toda
a Itália, que primeiro matou e dispersou todos ou a maior
parte daqueles cidadãos que tinham, quer por nobreza de
sangue, quer por qualquer outra condição, alguma fama,
e depois a reduziu a cinzas e ruínas; e assim acredita-se
que permaneceu por mais de trezentos anos. (12) Após este
período, o império romano trasladou-se, não sem razão,
da Grécia à Gália, e Carlos Magno, então clementíssimo
rei dos franceses, foi elevado à alteza imperial; depois de
passadas muitas fadigas, creio que levado pelo espírito divino, voltou-se o ânimo imperial à reedificação da cidade
desolada; e junto com aqueles mesmos que antes haviam
sido seus fundadores, apesar de encontrá-la reduzida a um
pequeno cerco de muralhas, tanto quanto pôde, a fez ree-
dificar e habitar semelhantemente a Roma; sem deixar de
acolher, porém, os poucos remanescentes que se encontraram dos descendentes dos antigos expulsos.

(13) Mas entre os novos habitantes, talvez o ordenador da reedificação, distribuidor das habitações e das estradas e que deu ao novo povo as leis necessárias, segundo testemunha a fama, veio de Roma um nobilíssimo jovem da estirpe dos Frangiapani, chamado por todos Eliseu; o qual, por ventura, depois de concluir a principal coisa pela qual tinha vindo, levado ou pelo amor à cidade recentemente estruturada por ele, ou pelo prazer do lugar, ao qual talvez tivesse visto que no futuro o céu haveria de ser favorável, ou por outra razão que fosse, tornou-se dela perpétuo cidadão; e deixou, depois de si, não pequena nem pouco louvável estirpe de filhos e descendentes. Tendo abandonado o antigo sobrenome de seus antepassados, tais descendentes adotaram o nome daquele jovem, e todos juntos passaram a se chamar os Elisei. (14) Destes, com o decorrer do tempo e o suceder-se de gerações, nasceu e viveu um cavaleiro, por armas e por siso notável e valoroso, cujo nome era Cacciaguida;[4] a quem seus antepassados deram por esposa, na sua mocidade, uma donzela nascida dos Aldighieri de Ferrara, tanto por beleza e por costumes quanto por nobreza de sangue estimada, com a qual muitos anos viveu, e com quem muitos filhos gerou. (15) E embora todos os outros filhos tivessem recebido o mesmo nome, quis ela renovar em um deles, como é frequente entre as mulheres, a lembrança de seus antepassados, e o chamou Aldighieri; por fim, o vocábulo, corrompido por subtração da letra "d", tornou-se Alighieri.[5] O seu valor foi motivo para que seus sucessores deixassem o título de Elisei e passassem a se chamar Alighieri, o que perdura até os nossos dias. (16) E como dele descendesse uma certa quantidade de filhos e netos, e dos netos outros filhos, reinando o imperador Frederico II, nasceu um chamado Alighieri, cuja fama viria menos por si do que pela futura prole; e sua mulher grávida, não faltando muito para o parto, num sonho viu qual seria o fruto de seu ventre;[6] e embora isto não fosse então do

conhecimento dela nem de outros, hoje, pelo efeito que se seguiu, é assaz evidente a todos.

(17) Parecia à nobre dama em seu sonho estar sob um altíssimo loureiro, num verde prado, ao lado de uma fonte claríssima, e então parir ali um filhinho que, em brevíssimo tempo, nutrindo-se apenas das bagas que caíam do loureiro e da água da fonte clara, parecia-lhe transformar--se em pastor; depois, fazia o máximo possível para obter algumas folhas da árvore cujo fruto o nutrira, e, a tal fim esforçando-se, parecia-lhe vê-lo cair: ao levantar-se não o via mais homem, pois em pavão se transformara. (18) Ela ficou tão admirada, que seu sono foi interrompido. Pouco tempo passou até que chegasse o momento do parto, e deu à luz um filho que, com o consentimento do pai, foi chamado Dante: e merecidamente, pois de fato, como se verá prosseguindo, o efeito correspondeu ao nome.[7]

. (19) Este foi o Dante de que trata o presente discurso; este foi o Dante que aos nossos tempos foi concedido por especial graça de Deus; este foi o Dante que por primeiro deveria abrir às musas, banidas da Itália, a via do retorno. Por ele a dignidade do idioma florentino é demonstrada; por ele toda a beleza da língua vulgar é regulada com ritmos apropriados;[8] por ele a poesia morta pode-se dizer, merecidamente, ressuscitada: tudo isso, bem observado, demonstrará que ele não poderia ter tido, dignamente, nenhum outro nome que o de Dante.

(20) Nasceu este singular esplendor itálico em nossa cidade nos anos da salutífera encarnação do Rei do universo de MCCLXV, vacante o império romano pela morte do já mencionado Frederico, ocupando a cátedra de são Pedro o papa Urbano IV.[9] Encontrou na casa paterna uma situação muito feliz: feliz, digo, segundo a qualidade do mundo que então corria. (21) Mas, qualquer que fosse essa qualidade, sem discorrer sobre sua infância, na qual muitos sinais apareceram da futura glória de seu engenho, digo que desde o princípio de sua puerícia, haven-

do já aprendido os primeiros elementos das letras, não se entregou, segundo o costume dos nobres hodiernos, aos prazeres infantis e aos ócios, repousando preguiçoso no regaço materno, mas com estudo contínuo na própria pátria dedicou toda sua puerícia às artes liberais, e nestas se fez admiravelmente experto. (22) Crescendo com os anos seu espírito e engenho, dispôs-se não aos estudos lucrativos, aos quais hoje geralmente todos se voltam, mas, movido por um louvável desejo de fama perpétua, desprezando as riquezas transitórias, entregou-se livremente ao anseio de adquirir pleno conhecimento das ficções poéticas e da arte de interpretá-las. Neste exercício tornou-se assaz familiar de Virgílio, Horácio, Ovídio, Estácio e de todos os outros poetas famosos; e não bastou conhecê-los: cantando altamente, esforçou-se em imitá-los, como mostram suas obras, das quais falaremos a seu tempo. (23) E percebendo que as obras poéticas não são vãs, nem simples fábulas ou maravilhas, como julgam muitos estultos, mas que sob elas se escondem dulcíssimos frutos de verdades históricas e filosóficas — e que por isso não se podiam conhecer plenamente todas as intenções poéticas sem conhecer a história e as filosofias moral e natural; dividindo, portanto, o tempo adequadamente, procurou entender as histórias por si mesmo e a filosofia com vários doutores, não, porém, sem longo estudo e afã. Tomado pela doçura de conhecer a verdade das coisas deste mundo, não encontrando nenhuma outra que lhe fosse mais cara nesta vida, e abandonando qualquer outra preocupação temporal, entregou-se de todo a esta só. (24) E para que nenhuma parte da filosofia ficasse ignorada, com arguto engenho mergulhou nas altíssimas profundidades da teologia. O resultado não ficou distante da intenção: sem cuidar do calor, do frio, das vigílias, dos jejuns ou de qualquer outro incômodo físico, com assíduo estudo chegou a conhecer da essência divina e das outras separadas inteligências[10] o que por meio do engenho humano neste mundo se pode compreender. E assim como em diversas idades conheceu diversas ciências estudando, também por meio de vários estudos com vários doutores as aprendeu.

(25) Adquiriu ele os primeiros estudos, como já foi dito acima, na própria pátria e depois partiu para Bolonha, lugar mais fértil em tal alimento; e já próximo da velhice foi a Paris, onde, com muita glória para si, muitas vezes demonstrou a grandeza de seu engenho em disputas que, ainda hoje, quando narradas, maravilham os ouvintes. (26) E por tantos e tão bem-feitos estudos mereceu, não injustamente, altíssimos títulos: por isso, enquanto viveu, alguns sempre o chamaram "poeta", outros "filósofo", e muitos "teólogo". (27) Mas, assim como a vitória é mais gloriosa ao vencedor quanto maior foram as forças do vencido, julgo oportuno demonstrar como ele, atirado ora aqui, ora acolá, em mar borrascoso e tempestuoso, vencendo as ondas e os ventos contrários, conseguiu chegar ao porto seguro dos ilustríssimos títulos já narrados.

(28) Os estudos geralmente exigem solidão, despreocupação, tranquilidade de espírito, sobretudo os especulativos, aos quais, como já vimos, nosso Dante se entregou de todo. (29) Mas no lugar da despreocupação e do sossego, praticamente do início ao fim de sua vida, Dante teve uma fortíssima e insuportável paixão amorosa, esposa, cuidados familiares e públicos, exílio e pobreza; deixando de lado outras (preocupações) mais particulares que necessariamente derivam destas, julgo apropriado, para que melhor se veja sua gravidade, explicá-las separadamente.

(30) No tempo em que a doçura do céu reveste a terra com seus ornamentos e a faz toda risonha com a variedade das flores mescladas entre as verdes frondes, era costume dos homens e das mulheres de nossa cidade, cada um com seus próprios amigos, fazer festas em seus bairros; de modo que, como outros faziam, Folco Portinari,[11] homem assaz honrado naqueles tempos entre os cidadãos, ao primeiro dia de maio reuniu em sua casa os vizinhos

mais próximos para festejar, e um deles era o já mencionado Alighieri. (31) E, assim como os pequenos costumam ir atrás dos pais nos lugares festivos, Dante, que ainda não tinha nove anos completos, seguiu o seu; ali misturou-se com os meninos e as meninas de sua idade, que estavam em grande número, e, servidas as primeiras refeições, tanto quanto sua pouca idade lhe permitia, começou a entreter-se puerilmente com os demais.

(32) Entre os muitos jovenzinhos estava a filha do anfitrião, cujo nome era Bice (embora ele a tenha sempre chamado com seu nome primitivo, Beatrice[12]) e tinha talvez seus oito anos; era muito graciosa conforme seu pouco tempo de vida e nos atos mui gentil e agradável, com costumes e palavras bem mais sérias e modestas do que sua idade exigia; e, ademais, possuía as feições do rosto muito delicadas e harmoniosamente distribuídas, e repletas, além de beleza, de tão honesta graça, que era considerada por muitos quase uma anjinha. (33) Ela, portanto, tal qual a descrevo, ou talvez ainda mais bela, apareceu nessa festa, não creio que pela primeira vez, mas pela primeira vez podendo despertar o amor, aos olhos de nosso Dante; e, embora menino, acolheu no coração sua bela imagem com tamanha afeição que, daquele dia em diante, nunca mais, enquanto viveu, afastou-se dela. (34) Qual, porém, era essa imagem, ninguém o sabe; mas, quer por conformidade de disposições naturais ou de costumes, quer por especial influência exercida pelo céu, ou porque, como vemos de hábito, nas festas — graças à doçura da música, à alegria geral, à delicadeza das comidas e dos vinhos — os ânimos não só dos homens maduros, mas também dos jovens, se expandem e se tornam aptos a ser facilmente tomados por qualquer coisa que agrada, o certo é que isto aconteceu: Dante, ainda em tenra idade, tornou-se ferventíssimo servo do amor. (35) Mas, deixando de falar sobre os acidentes da meninice, digo que com a idade multiplicaram-se de tal modo as amorosas cha-

mas, que nenhuma outra coisa lhe dava prazer, sossego ou conforto, senão vê-la. Por isso, deixando de lado todos os outros afazeres, aflitíssimo corria aonde acreditava fosse possível vê-la, como se do rosto ou dos olhos dela extraísse todo o seu bem e consolação.

(36) Oh, insensato juízo dos amantes! Quem, além deles, julgaria que acrescentando mais palha faria as chamas menores? Quantos e quais foram os pensamentos, suspiros, lágrimas e outros tormentos gravíssimos que depois, em idade mais avançada, sofreu por este amor, ele mesmo os demonstra em parte na sua *Vida nova*, e por isso não cuido contá-los mais extensamente. (37) Apenas isto não quero deixar de dizer: que este amor, segundo o que ele mesmo escreve e o que conta alguém que conheceu seu desejo, foi honestíssimo; e nunca se viu, quer por olhar, por palavra ou gesto, algum apetite libidinoso, nem no amante, nem na coisa amada: não pequena maravilha para o mundo presente, do qual se esvaiu todo prazer honesto, e que se acostumou a ter a coisa que dá prazer conformada à sua lascívia mesmo antes de cogitar em amá-la, de tal modo que seria quase um milagre, como coisa raríssima, quem amasse de outra forma. (38) Se tamanho e tão duradouro amor pôde impedir a alimentação, o sono e qualquer outro sossego, quanto não terá sido ele contrário aos sagrados estudos e ao engenho? Por certo, não pouco. E, embora muitos pretendam que ele tenha sido incitador de seu engenho, dando como prova disso as graciosas rimas feitas por ele em idioma florentino, em louvor à mulher amada, para expressar seus ardores e seus conceitos amorosos, eu certamente não o consinto, pois para tanto teria de afirmar que o discurso ornado é o cume de toda ciência, o que não é verdade.

(39) Como qualquer um pode evidentemente perceber, não há nada estável neste mundo; e, se alguma coisa muda facilmente, é nossa vida: um pouco mais de calor ou de frio, sem contar outros infinitos e possíveis acidentes, do

ser ao não ser nos conduz sem dificuldade; nem a nobreza, a riqueza, a juventude, ou qualquer outra dignidade mundana têm o privilégio de estar imunes a isso. Desta lei comum Dante sentiu o peso, mas antes pela morte alheia que pela própria. (40) Estava quase no fim de seu vigésimo quarto ano a belíssima Beatrice, quando, segundo as vontades Daquele que tudo pode, deixou as angústias deste mundo rumo à glória que seus méritos lhe haviam granjeado. Por causa de sua partida, Dante se entregou a tanta dor, a tanta aflição, a tantas lágrimas, que muitos dos seus mais próximos, parentes e amigos, acreditaram não haver nenhum outro remédio senão sua morte; e que ela viria em breve, pois ele não dava ouvidos a nenhum conforto, a nenhuma consolação que lhe traziam. (41) Os dias eram iguais às noites, como as noites aos dias; não passava um minuto sem lamentos, sem suspiros, sem copiosa quantidade de lágrimas, e seus olhos pareciam duas fontes abundantíssimas, o que causava a admiração de muitos, por não saberem de onde vinha tanto humor para seu pranto. (42) Mas, assim como vemos que depois de longo tempo os sofrimentos se tornam fáceis de suportar, bem como todas as coisas se atenuam e perecem, aconteceu que Dante, após alguns meses, começou a se recordar, sem lágrimas, de que Beatrice estava morta; e com reto juízo, a dor dando algum lugar à razão, passou a perceber que nem o pranto, nem o suspiro, nem qualquer outra coisa poderia recuperar a mulher perdida. Por isto, com mais paciência, resignou-se a tolerar que havia perdido sua presença; nem muito tempo demorou para que, depois das lágrimas, os suspiros, que já estavam próximos de seu fim, começassem a partir e não voltassem.

(43) De tanto verter lágrimas, de tanta aflição que sentia dentro do coração, de tanto se descuidar, ele tinha se tornado por fora quase uma coisa selvagem para quem o visse: magro, barbudo e quase totalmente transformado em relação ao que era antes; tanto que sua presença,

por si só, gerava compaixão, não apenas nos amigos, mas em qualquer um que o avistasse, apesar de que, enquanto durou esta vida tão triste, pouco, senão aos amigos, ele se deixava ver.

(44) Por tal compaixão, e pelo medo de algo ainda pior, os parentes estavam sempre atentos em lhe dar conforto. Quando viram que as lágrimas tinham cessado e os agudos suspiros tinham dado trégua ao fatigado peito, voltaram a instar o desconsolado com aquelas consolações por tanto tempo inúteis; e ele, que até então tinha obstinadamente fechado os ouvidos, começou não só a abri-los, mas a escutar prazerosamente o que lhe diziam para seu conforto. (45) Seus parentes, vendo isso, quiseram não apenas aliviar suas dores, mas lhe trazer alegria, e juntos pensaram em lhe dar uma esposa; de modo que, assim como a mulher perdida fora motivo de tristeza, esta nova seria de júbilo. Encontraram uma jovem adequada a sua condição e, com os argumentos que lhes pareceram mais convincentes, lhe revelaram sua intenção. E, para não me deter particularmente em cada coisa, após longa discussão, sem perder muito tempo, aos argumentos seguiu-se o efeito: e o casaram.

(46) Ó mentes cegas, ó tenebrosos intelectos, ó pensamentos vãos de tantos mortais, quantas vezes, e não sem razão na maioria delas, os êxitos são em tantas coisas contrários às vossas previsões! Quem, do doce ar da Itália, devido ao calor extremo, conduziria outrem às ardentes areias da Líbia para refrescar-se, ou à ilha de Chipre para aquecer-se nas eternas sombras dos montes Ródope?[13] Que médico pensará em curar a febre aguda com fogo, ou o frio da medula óssea com gelo ou neve? Por certo nenhum, a não ser aquele que julgue poder mitigar as aflições amorosas com uma nova mulher. (47) Tais pessoas não conhecem a natureza do amor, nem quanto toda outra paixão se acrescenta à sua. Em vão opõem ajudas ou conselhos à sua força se, no coração daquele que

longamente amou, a raiz cravou-se firmemente. Assim como no princípio toda pequena resistência é útil, com o decorrer do tempo as grandes costumam, muitas vezes, ser danosas. Mas é hora de retornar ao meu propósito, e de considerar quais sejam as coisas que, por si sós, podem fazer esquecer as fadigas amorosas.

(48) O que terá feito então aquele que, para me livrar de um pensamento doloroso, me trouxer outros, mil vezes maiores e mais dolorosos? Certamente nada, senão incutir-me o desejo de voltar, por causa do mal que me terá feito, ao lugar de onde me tirou; é o que vemos acontecer com muitos que, ou para sair ou ser tirados de sofrimentos amorosos, cegamente se casam ou são casados por outros; nem bem percebem ter saído de um emaranhado, se veem envoltos em mil outros, e a experiência confirma que, mesmo arrependendo-se, não se pode voltar atrás. (49) Os parentes e amigos de Dante lhe deram uma esposa, para que cessassem as lágrimas por Beatrice. Embora as lágrimas cessassem, ou talvez tivessem cessado, não sei se foi por isso que cessou também a chama amorosa; e mesmo admitindo que se tenha apagado, no que não acredito, surgiram novos e maiores tormentos. Ele, que tinha o hábito de passar as noites em seus sagrados estudos, sempre que lhe apetecia, conversava com imperadores, reis e tantos outros altíssimos príncipes, disputava com os filósofos e com os agradabilíssimos poetas se deleitava; e, escutando as angústias alheias, as suas mitigava. (50) Agora, para poder estar com eles, depende da vontade da nova mulher; e o tempo também, que ela furta a tão célebre companhia, serve agora para escutar os discursos femininos; os quais, para não aumentar o tédio, ele deve malgrado seu não apenas aprovar, mas louvar. (51) Ele, que tinha o costume de se retirar para algum lugar solitário sempre que a turba vulgar o incomodava, e ali refletir sobre qual espírito move o céu, de onde vem a vida dos animais sobre a terra, quais são as

razões das coisas, ou projetar alguma invenção peregrina, ou compor alguma coisa que fizesse com que ele, depois de morto, vivesse por fama entre os pósteros; agora, não apenas é furtado às doces contemplações sempre que a nova mulher o reclama, mas forçosamente se vê acompanhado de companhia pouco propensa a tais coisas. Ele, que costumava livremente rir, chorar, cantar, suspirar, de acordo com o estímulo das paixões doces e amargas, agora ou não ousa, ou deve explicar à mulher a razão não só das grandes coisas, mas também de cada pequeno suspiro, mostrando o que o causou, de onde veio e para onde foi; pois ela pensa que sua alegria é causada por outro amor, e sua tristeza, por ódio a ela.

(52) Oh, fadiga inestimável ter de viver com criatura tão desconfiada, conversar e, por fim, envelhecer e morrer! Não quero nem mencionar a nova e gravíssima preocupação por que devem passar os não acostumados (e principalmente em nossa cidade), isto é, os vestidos, os ornamentos e os quartos repletos de delicadezas supérfluas, tudo de que as mulheres dizem precisar para viver melhor; e ainda os criados, as criadas, as amas, as camareiras; e ainda os banquetes, as prendas e os presentes que devem dar aos parentes da nova esposa para que elas acreditem ser amadas por eles; e, além de tudo isso, muitas outras coisas que antes não eram do conhecimento dos homens livres; e chegar por fim a coisas que não se podem evitar. (53) Quem duvida que sua mulher, seja ou não bela, não caia no juízo do povo? Se bela for reputada, quem duvida que ela não tenha logo muitos amantes, dentre os quais este com beleza, aquele com nobreza, um com extraordinárias lisonjas, outro com prendas, algum com cortesia, atacarão sem trégua o espírito não estável? E o que muitos desejam, com dificuldade se defende. (54) E o pudor da mulher não precisa ser violado mais de uma vez para que ela se torne infame, e o marido, perpetuamente sofredor. Se vemos as belíssimas muitas vezes se la-

mentar porque alguém, para sua desgraça, leva para casa uma mulher feia, o que então podemos pensar das outras, senão que, não apenas aquelas, mas também todo lugar no qual creem que possam ser encontradas por aqueles a quem deveriam ter por seus para sempre, é tido em ódio? Donde nascem suas iras, e não há fera mais cruel do que a mulher irada; por isso não pode viver seguro de si mesmo quem confia em alguma que acredite estar furiosa com razão; e isso todas acreditam.

(55) O que direi de seus costumes? Se eu quiser mostrar como e quanto são todos eles contrários à paz e ao repouso dos homens, o meu sermão será demasiadamente longo; e por isso um só exemplo, comum a quase todas, será suficiente mencionar. Elas consideram que o melhor seja manter em casa os criados mais ínfimos, e expulsar os outros; pois julgam que, se trabalham bem, sua sorte não é diferente da de um criado: porque lhes parece que só são patroas quando, trabalhando mal, não sofrem as mesmas consequências que os criados. (56) Por que quero continuar demonstrando detalhadamente o que a maioria já sabe? Julgo melhor me calar do que, falando, desagradar as mulheres graciosas. Quem não sabe que se provam praticamente todas as coisas antes de comprá-las, menos a esposa, para que não haja tempo de arrepender-se antes de levá-la embora? Aquele que a leva, deve tê-la não como gostaria que fosse, mas como a Fortuna lha concede. (57) E se as coisas ditas acima são verdadeiras (sabe-o quem as provou), podemos imaginar quanta dor escondem os quartos que, de fora, para quem não tem olhos cuja perspicácia atravesse os muros, são reputados deleitosos. (58) Certamente não afirmo que essas coisas tenham acontecido a Dante, pois não o sei; embora seja verdade que, ou por coisas semelhantes a essas, ou por outras que disso fossem razão, ele, tendo se apartado daquela que lhe tinham dado para a consolação de suas angústias, nunca aonde ela estava quis ir, nem tolerou que ela fosse até ele, apesar de ter

tido vários filhos com ela. (59) Nem se creia que eu, pelas coisas ditas acima, queira concluir que os homens não devam ter esposas; antes o louvo muito, mas não a qualquer um. Que os filósofos deixem o matrimônio aos ricos estultos, aos senhores e aos camponeses, e se deleitem com a filosofia, esposa muito melhor que qualquer outra.

(60) É da natureza comum das coisas temporais que uma leve a outra. As questões familiares levaram Dante às questões públicas, em que tanto o envolveram as honras vãs, próprias dos ofícios públicos, que, sem olhar donde tinha partido nem aonde ia, com as rédeas abandonadas entregou-se quase todo ao governo delas; e nisso a Fortuna lhe foi tão favorável que nenhuma legação se escutava, a nenhuma se respondia, nenhuma lei se promulgava, nenhuma se revogava, nenhuma paz se fazia, nenhuma guerra pública se realizava, e, para resumir, nenhuma deliberação de algum peso se tomava, se ele não dissesse antes o seu parecer. Era como se nele se fundassem toda a fé pública, toda a esperança e todas as coisas divinas e humanas. (61) Mas a Fortuna, que alterna nossos desígnios e é inimiga de toda estabilidade humana, embora por muitos anos o tenha regido gloriosamente no cume de sua roda, levou-o a um fim bastante diferente do princípio, pois ele confiava nela excessivamente.

(62) Naquele tempo, os cidadãos florentinos estavam perversamente divididos em dois partidos,[14] ambos muito poderosos, e, conforme as ações de seus sagacíssimos e astutos líderes, às vezes um, às vezes outro reinava, para o desprazer do que estivesse submetido. A fim de unir o corpo dividido de sua república, usou Dante todo o seu engenho, toda a arte, todo o estudo, mostrando aos cidadãos mais sábios como as grandes coisas, pela discórdia, em pouco tempo tornam ao nada, e as pequenas, pela concórdia, crescem ao infinito. (63) Mas, após ter visto que era vã sua fadiga e conhecido os ânimos dos ouvintes obstinados, acreditando ser esta a vontade de Deus, pri-

meiro se propôs a deixar todo exercício público e viver sua vida privadamente; depois, atraído pela doçura da glória, pelo efêmero favor popular e ainda pela persuasão dos mais velhos, pensou que, se tivesse oportunidade, poderia fazer muito mais para sua cidade sendo importante nas coisas públicas do que ficando isolado e distante delas. Ó estulta vaidade dos humanos esplendores — quão maiores são tuas forças do que poderia crer quem não as provou! —, o homem maduro, criado, nutrido e educado no santo seio da filosofia, diante de cujos olhos se mostravam a ruína dos reis antigos e modernos, as desolações dos reinos, das províncias e das cidades, e os ímpetos furiosos da Fortuna, a qual nada mais busca do que as altas coisas, não soube ou não pôde resistir à tua doçura.

(64) Decidiu, pois, Dante que queria seguir as honras caducas e a vã pompa dos ofícios públicos; e, vendo que por si só não poderia tomar um terceiro partido, o qual, justíssimo, suprimiria a injustiça dos outros dois unindo-os, inclinou-se àquele que possuía, segundo seu parecer, mais razão e justiça, trabalhando continuamente nas obras que sabia serem saudáveis a sua pátria e a seus cidadãos.[15] (65) Mas os desígnios humanos, na maioria das vezes, são vencidos pelas forças do céu. O ódio e a animosidade, ainda que nascidos sem uma causa justa, dia após dia eram maiores, tanto que muitas vezes, não sem grandíssima confusão dos cidadãos, empunharam-se armas com o intuito de pôr fim aos litígios com fogo e com ferro; estavam tão cegos pela ira, que não viam que ela os levava a perecer miseramente. (66) Mas, depois de cada um dos partidos ter provado muitas vezes suas forças causando danos um ao outro, chegou o momento em que os desígnios ocultos da ameaçadora Fortuna deviam se revelar, e a fama — porta-voz tanto da verdade como da falsidade —, anunciando que os adversários do partido de Dante tinham planos extraordinários e astutos, e possuíam grandíssima multidão de homens armados, tanto espantou os líderes dos

aliados de Dante, que os privou de todo discernimento, toda prudência, toda capacidade de raciocinar, deixando-lhes apenas a fuga para que pudessem se salvar; junto aos quais Dante, ao cair do alto do governo de sua cidade, viu-se não só jogado ao chão, mas expulso dela.[16] (67) Não muitos dias após a expulsão, tendo já o populacho corrido às casas dos expulsos para furiosamente esvaziá-las e roubá-las, e os vitoriosos reformado a cidade segundo seus interesses, todos os governantes, inclusive Dante, que não era dos menores mas quase o principal, foram condenados a perpétuo exílio como inimigos capitais da república, e seus bens imóveis ou passaram a ser públicos, ou foram confiscados pelos vencedores.

(68) Esta a recompensa obtida por Dante pelo terno amor que teve por sua pátria! Esta a recompensa obtida por Dante por seu afã em querer acabar com as discórdias entre os cidadãos! Esta a recompensa obtida por Dante pela solicitude com que procurou o bem, a paz e a tranquilidade de seus cidadãos! O que mostra claramente como são desprovidos de verdade os favores do povo, e quanta confiança pode-se ter nele. Aquele em quem pouco antes parecia estar depositada toda a esperança pública, toda a afeição dos cidadãos, todo o refúgio do povo, subitamente, sem razão legítima, sem ofensa, sem culpa, foi furiosamente mandado, por aquele rumor que muitas vezes antes se ouvira levar seus louvores até as estrelas, ao irrevogável exílio. (69) Esta foi a estátua de mármore que fizeram à eterna memória de sua virtude! Com estas letras seu nome foi escrito entre aqueles dos pais da pátria em tábuas de ouro! Com tão favorável clamor lhe renderam graças por seus benefícios! Quem, portanto, vendo essas coisas, dirá que deste pé a nossa república não esteja manca?

(70) Ó vã confiança dos mortais, por quantos altíssimos exemplos és tu continuamente repreendida, admoestada e castigada! Ai, se Camilo, Rutílio, Coriolano, um e outro Cipião[17] e os outros valentes homens antigos, pelo

espaço de tempo decorrido, fugiram de tua memória, que este caso recente te faça correr com rédeas mais temperadas no gozo de teus prazeres. Não há coisa menos estável do que a graça do populacho; não há esperança mais louca, não há conselho mais insano do que encorajar a crer nela. (71) Levantem-se, pois, os ânimos ao céu, em cuja perpétua lei, em cujos eternos esplendores, em cuja verdadeira beleza se poderá conhecer claramente a estabilidade d'Aquele que move com ordem o céu e as outras coisas; a fim de que, como em um ponto fixo, abandonando as coisas transitórias, nele se firme toda a nossa esperança, se não queremos nos ver enganados.

(72) Tendo Dante, então, saído de tal maneira daquela cidade, da qual ele não era apenas cidadão, mas de que seus antepassados haviam também sido reedificadores, e deixado a mulher, que pela pouca idade não estava preparada para a fuga, com os demais membros de sua família, seguro de que ela estaria bem, pois sabia de sua consanguinidade com um dos líderes da parte adversária,[18] incerto de si mesmo, ora aqui, ora acolá, vagava pela Toscana. (73) Uma pequena parte de suas posses foi defendida com dificuldade por sua mulher, a título de dote, dos cidadãos raivosos, e seus frutos ela usou para sustentar muito escassamente a si mesma e aos pequenos filhos, enquanto ele, pobre, pois ficou sem nada, teve que buscar o próprio sustento com trabalho a que não estava acostumado. Oh, quão honesto desdém teve ele de reprimir, mais duro de superar do que a morte, prometendo-lhe a esperança que seria breve, e próximo o retorno! (74) Ele, além de quanto esperava, por muitos anos, tendo retornado de Verona (aonde fora em sua primeira fuga procurar o senhor Alberto della Scala,[19] que o recebeu bondosamente), quando esteve com o conde Salvatico no Casentino, com o marquês Morruello Malespina em Lunigiana, com os della Faggiuola nos montes próximos a Urbino,[20] de forma assaz apropriada, segundo o tempo e suas pos-

sibilidades, foi honrado. Foi então para Bolonha, onde ficou pouco tempo, depois para Pádua, e daí voltou de novo para Verona. (75) Mas depois que viu fechados todos os caminhos para o retorno, e dia após dia tornar-se vã sua esperança, abandonou não apenas a Toscana, mas toda a Itália, cruzou os montes que a separam da Gália e, como pôde, foi a Paris; e lá se entregou de todo ao estudo da filosofia e da teologia, retomando ainda o que das outras ciências pudesse talvez ter perdido pelos impedimentos que sofrera. (76) Passando o tempo a estudar com rigor, aconteceu que, inesperadamente para ele, Henrique, conde de Luxemburgo,[21] por vontade e por ordem do papa Clemente v,[22] que então ocupava a cátedra, foi eleito rei dos romanos, e depois coroado imperador. Dante, tendo ouvido que Henrique deixara a Alemanha para subjugar a Itália, que era em parte rebelde à sua majestade, cujo potentíssimo braço já havia assediado Bréscia, e julgando, por muitas razões que ele haveria de sair vencedor, teve esperança de que com sua força e por meio de sua justiça pudesse voltar a Florença, embora sentisse que a cidade fosse contrária ao imperador. (77) De modo que, cruzando novamente os Alpes, ele e muitos inimigos dos florentinos e de seus partidários se juntaram e tentaram, por meio de embaixadas e cartas, tirar o imperador do assédio de Bréscia para que se dirigisse a Florença como principal membro de seus inimigos, mostrando-lhe que, se a vencesse, nenhuma ou pouca dificuldade lhe restaria para ter livre e completa a posse e o domínio de toda a Itália. (78) E embora ele e os outros interessados tivessem conseguido tirá-lo de lá, a sua vinda não teve o fim que eles previram: as resistências foram grandíssimas e muito maiores do que eles tinham previsto; e por isso, sem ter realizado nenhuma coisa notável, o imperador, partindo quase desesperado, para Roma voltou seu caminho. (79) E ainda que aqui e ali mais coisas fizesse, muitas ordenasse e outras planejasse, sua morte precoce acabou com tudo: por tal morte todos os que tinham esperança nele se desesperaram, e principalmente Dante, que, sem mais procurar seu retorno, cruzou os picos do Apenino e foi para a Romanha, onde seus últimos dias, que deveriam pôr fim a suas fadigas, o esperavam.

(80) Era naqueles tempos senhor de Ravena, famosa e antiga cidade da Romanha, um nobre cavalheiro cujo nome era Guido Novello da Polenta, o qual, instruído nas artes liberais, honrava muito os homens valorosos e, principalmente, aqueles que superavam os outros pela ciência. Quando chegou a seus ouvidos que Dante, privado de toda esperança, estava na Romanha em tamanho desespero, tendo ele muito tempo antes conhecido por fama o seu valor, dispôs-se a recebê-lo e a honrá-lo. E nem esperou que ele o solicitasse, mas com ânimo liberal, sabendo o quanto os homens valorosos têm vergonha de pedir, logo se lhe apresentou com ofertas, rogando-lhe como especial graça o que sabia que Dante deveria pedir a ele: ou seja, que lhe agradaria tê-lo consigo. (81) Concorrendo, portanto, as duas vontades ao mesmo fim, a de quem foi rogado e a de quem rogou, Dante, apreciando sumamente a liberalidade do nobre cavalheiro, e por outro lado obrigando-o a necessidade, sem esperar mais convites que o primeiro, partiu para Ravena, onde, acolhido com honra pelo senhor da cidade, e ressuscitada a esperança perdida pelos prazerosos confortos, dando-lhe este muitas coisas de que precisava, por muitos anos o manteve a seu lado, aliás, até o último de sua vida.

(82) Não puderam os desejos amorosos, nem as dolentes lágrimas, nem as preocupações da casa, nem a lisonjeira glória dos ofícios públicos, nem o miserável exílio, nem a intolerável pobreza, jamais, com suas forças, desviar nosso Dante de seu principal intento: os estudos sagrados; tanto que, conforme se verá mais adiante ao tratarmos de suas obras uma a uma, ele, em meio a qualquer das ferozes paixões ditas acima, sempre se exercitou em

compor. (83) E se, não obstante tantos e tais fatos adversos, quantos e quais foram mostrados acima, por força de engenho e de perseverança Dante se tornou ilustre como vemos, o que se pode imaginar que ele teria se tornado, se tivesse tido outros tantos ajudantes, ou pelo menos ninguém que se lhe opusesse, ou pouquíssimos, como muitos têm? Por certo, não o sei; mas, se lícito fosse dizer, eu diria que ele teria se tornado um deus na terra.

(84) Morou Dante, então, em Ravena, perdida toda esperança de um dia regressar a Florença (embora não estivesse perdido o desejo), sob a proteção desse cortês senhor por vários anos; nessa cidade, com suas exposições, fez muitos alunos de poesia, sobretudo em língua vulgar, a qual, segundo meu juízo, foi o primeiro a exaltar e a valorizar de forma justa entre nós italianos, como fez Homero entre os gregos, ou Virgílio entre os latinos. (85) Embora acredite-se que a poesia em vulgar tenha começado poucos anos antes, ele foi o primeiro que, por meio do número das sílabas e da consonância das partes extremas, teve ousadia e sensibilidade para usá-la como instrumento das matérias dignas da arte; aliás, somente em ligeiríssimas coisas de amor com ela se exercitavam. Ele demonstrou com seus feitos que qualquer matéria elevada se poderia tratar com ela, e glorificou nosso idioma vulgar mais do que qualquer outro.

(86) Mas, quando veio a sua hora, a todos marcada, tendo ele já no meio, ou quase, do seu quinquagésimo sexto ano adoecido e, segundo a religião cristã, recebido humildemente e com devoção todo sacramento eclesiástico, por contrição das coisas que cometeu contra sua vontade, como acontece aos homens, reconciliado então com Deus, no mês de setembro no ano de Cristo MCCCXXI, no dia em que a Igreja celebra a exaltação da santa Cruz,[23] não sem grandíssima dor do mencionado Guido e de muitos dos cidadãos ravenates, ao seu Criador rendeu o fatigado espírito; e não duvido que tenha sido recebido nos braços de

sua nobilíssima Beatrice, com a qual, diante d'Aquele que é o sumo bem, abandonando as misérias da vida presente, vive agora alegremente naquela outra cuja felicidade jamais se espera ter fim.

(87) Fez o magnânimo cavalheiro adornar o corpo morto de Dante com ornamentos poéticos sobre um leito fúnebre; e, carregado sobre os ombros dos cidadãos mais solenes até a propriedade dos Frades Menores de Ravena, com a honra que julgava digna a tal corpo, seguindo-o até ali quase com público pranto, o fez colocar numa arca de pedra, na qual ainda jaz.[24] (88) E, de volta à casa em que Dante primeiramente habitara, de acordo com o costume dos ravenates, ele mesmo, tanto para elogiar a alta ciência e a virtude do defunto quanto para consolar seus amigos, que haviam ficado nesta vida profundamente amargurados, pronunciou um discurso longo e ornado; disposto, se o poder e a vida lhe tivessem durado, a honrá-lo com tão egrégia sepultura que, se nenhum outro mérito seu o tivesse feito memorável aos pósteros, ela o teria.

(89) Este louvável propósito em breve espaço de tempo foi divulgado a quantos naquela época eram famosíssimos poetas na Romanha; e assim, fosse para mostrar sua habilidade, fosse para dar testemunho de sua afeição para com o poeta, fosse para cativar a graça e o amor do senhor, pois sabiam que ele o desejava, cada um fez versos que, postos como epitáfio na futura sepultura, com os devidos louvores fizessem a posteridade certa de quem dentro dela jazia; e ao magnífico senhor os mandaram. Mas ele, após não muito tempo, grande injustiça da Fortuna, tirado dele o Estado, morreu em Bolonha;[25] pelo que a construção da sepultura e a inscrição dos versos mandados ficaram por fazer. (90) Versos que, tendo sido mostrados a mim pouco tempo depois, e vendo eu que não tinham encontrado lugar, pelo caso já demonstrado, pensando nas presentes coisas escritas por mim, embora não sejam sepultura para o corpo, mas sejam, como

aquela teria sido, conservadoras perpétuas de sua memória, imaginei não ser inconveniente acrescentá-los aqui. (91) Mas, uma vez que não teriam entalhado no mármore mais do que os versos de um deles (que eram muitos), assim, somente os de um julguei que deveria escrever aqui; pelo que, tendo-os eu mesmo examinado a todos, pela arte e pelo sentido julguei mais dignos os catorze feitos pelo mestre bolonhês Giovanni del Virgilio,[26] então grande e famosíssimo poeta, e de Dante singularíssimo amigo. Os versos são estes que seguem:

> *Theologus Dantes, nullius dogmatis expers,*
>   *quod foveat claro phylosophya sinu:*
> *gloria musarum, vulgo gratissimus auctor,*
>   *hic iacet, et fama pulsat utrumque polum:*
> *qui loca defunctis gladiis regnumque gemellis*
>   *distribuit, laycis rhetoricisque modis.*[27]
> *Pascua Pyeriis demum resonabat avenis;*[28]
>   *Amtropos heu letum livida rupit opus.*
> *Huic ingrata tulit tristem Florentia fructum,*
>   *exilium, vati patria cruda suo.*
> *Quem pia Guidonis gremio Ravenna Novelli*
>   *gaudet honorati continuisse ducis,*
> *mille trecentenis ter septem Numinis annis,*
>   *ad sua septembris ydibus astra redit.*[29]

(92) Ó ingrata pátria, qual demência, qual soberba te possuía quando tu o teu caríssimo cidadão, o teu benfeitor precípuo, o teu poeta único puseste em fuga com crueldade incomum, e que ainda depois continuou a te possuir? Se talvez te escusas como mal aconselhada pela fúria geral daquele tempo, por que, cessadas as iras, recuperada a tranquilidade do espírito, arrependida do fato, por que não o chamaste de volta? Ai! Não te lamentes ser julgada por mim, que teu filho sou, e, aquilo que a justa indignação me faz dizer, como homem que deseja

que te corrijas, e não que sejas punida, hás de aceitar. (93) Parece-te seres gloriosa por possuir tantos e tais títulos, a ponto de quereres expulsar aquele teu único poeta que nenhuma cidade vizinha tem igual para louvar? Ai! Dize-me: que vitórias, que triunfos, que primores, que valorosos cidadãos te fazem resplandecer? Tuas riquezas, coisa instável e incerta, tuas belezas, coisa frágil e caduca, tuas delicadezas, coisa vituperável e feminina, te fazem conhecida no falso juízo dos povos, que sempre vê mais a aparência do que a realidade. (94) Ai! Buscarás a glória em teus mercadores e tantos artesãos, de que estás repleta? Tolamente o farás: um sempre foi, governado pela avareza, ofício servil; já a arte, que um tempo foi enobrecida pelos engenhos, a ponto de fazerem dela uma segunda natureza, pela mesma avareza está hoje corrompida, e nada vale. Buscarás a glória na vileza e na ignomínia daqueles que, trazendo seus antepassados à memória, querem obter dentro de ti o privilégio da nobreza, sempre agindo contra ela, com roubos, traições e falsidades? Vã glória será a tua, e por aqueles cujas sentenças têm fundamento devido e estável firmeza serás escarnecida. (95) Ai! Mísera mãe, abre os olhos e vê com algum remorso o que fizeste; e envergonha-te ao menos, já que és reputada sábia, por ter feito entre tuas faltas uma escolha errada! Ai! Se não eras capaz de julgar corretamente, por que não imitaste os atos daquelas cidades que ainda são famosas por suas louváveis obras? (96) Atenas, que foi um dos olhos da Grécia, quando lá se encontrava a monarquia do mundo, pela ciência, pela eloquência e pelo exército igualmente esplêndida; Argos, ainda magnífica pelos títulos de seus reis;[30] Esmirna, que reverenciamos perpetuamente por Nicolau seu pastor;[31] Pilos, conhecidíssima pelo velho Nestor;[32] Cumas, Quios e Cólofon,[33] cidades esplêndidas no passado, todas juntas, no auge de sua glória, não se envergonharam nem hesitaram em ter áspera disputa sobre a origem do divino poeta Homero, cada uma afirmando que ele provinha de si; e cada uma defendeu tão fortemente sua intenção com argumentos, que ainda hoje a questão vive; nem é certo de onde viesse, porque de tal cidadão ainda se gloriam igualmente todas elas. (97) E Mântua, nossa vizinha, de que outro motivo lhe restou alguma fama, senão ter sido Virgílio mantuano? Poeta cujo nome ainda é tão reverenciado, e tão bem acolhido por todos, que não apenas nos lugares públicos, mas também em muitos privados, se vê a sua imagem representada, mostrando assim que, embora seu pai tenha sido oleiro, ele enobreceu a todos. Sulmona de Ovídio, Venosa de Horácio, Aquino de Juvenal, e outras tantas, gloriam-se cada uma do seu e disputam seu valor. (98) Seguir o exemplo delas não seria vergonha para ti, pois não é verossímil que tenham sido zelosas e ternas sem razão com cidadãos desse feitio. Elas sabiam o que tu mesma podias e podes saber, ou seja, que mesmo depois de sua ruína as obras perpétuas daqueles conservariam eternamente os seus nomes; assim como no presente, divulgadas por todo o mundo, fazem-nas conhecidas àqueles que jamais as viram. (99) Apenas tu, ofuscada não sei por que cegueira, quiseste tomar outro caminho e, como se muito brilhasses por ti só, não te preocupaste desse esplendor: apenas tu, como se os Camilos, os Publícolas, os Torquatos, os Fabrícios, os Catões, os Fábios e os Cipiões[34] com suas magníficas obras te houvessem feito famosa e fossem teus; não só, tendo deixado cair de tuas mãos o antigo cidadão Claudiano,[35] do presente poeta descuidaste, como ainda de ti o expulsaste, baniste e o terias privado, se pudesses, de teu nome. Eu não posso deixar de sentir vergonha em teu lugar. (100) Ora, não foi a Fortuna, mas o curso natural das coisas que se mostrou tão favorável ao teu desonesto apetite, uma vez que, aquilo que de bom grado, bestialmente bramosa, terias feito se ele tivesse caído em tuas mãos, isto é, o terias matado, ele com sua eterna lei já realizou. (101) Morto está teu Dante Alighieri no exílio que tu injustamente, invejosa de seu valor, lhe deste. Oh, pecado que não se deve recordar: que a mãe tenha rancor da virtude de algum de seus filhos! Agora estás livre de preocupação, agora com sua morte vives segura em tuas faltas, e podes pôr fim às tuas longas e injustas perseguições. Ele não pode te fazer, morto, aquilo que, vivendo, nunca teria feito; ele jaz sob outro céu que não o teu, nem deves esperar revê-lo jamais, senão no dia em que todos os teus cidadãos poderás ver, e as suas culpas examinadas e punidas por justo juiz.

(102) Portanto, se os ódios, as iras e as inimizades cessam com a morte de qualquer um que morra, como se crê, começa a voltar a ti e a teu reto juízo; começa a te envergonhar por teres ido contra a tua antiga humanidade; começa a querer parecer mãe e não inimiga, concede as devidas lágrimas a teu filho, concede-lhe a materna piedade; e aquele que tu repeliste, aliás, expulsaste vivo tal como suspeito, deseja pelo menos reavê-lo morto: devolve-lhe tua cidadania, teu seio, tua graça à sua memória. (103) Na verdade, por mais que tu lhe fosses ingrata e proterva, ele como filho sempre te reverenciou, e nunca quis privar-te da honra que por suas obras havias de obter, como tu o privaste de tua cidadania. Sempre florentino, por mais que o exílio fosse longo, se chamou e quis ser chamado; sempre te preferiu a qualquer outra, sempre te amou. (104) O que, então, farás? Ficarás sempre obstinada em tua iniquidade? Haverá em ti menos humanidade do que nos bárbaros, dos quais sabemos que não só pediram os corpos de seus mortos, mas que para reavê-los estavam dispostos a morrer virilmente? Queres que o mundo acredite que tu és descendente da famosa Troia e filha de Roma: por certo os filhos devem ser semelhantes aos pais e aos avós. Príamo em sua miséria não apenas reclamou o corpo morto de Heitor, mas com grande quantidade de ouro o comprou. Os romanos, segundo alguns parecem crer, fizeram vir de Minturno os ossos do primeiro Ci-

pião,[36] que com razão ele ao morrer lhos negara. Embora Heitor com sua valentia tenha defendido longamente os troianos, e Cipião tenha libertado não só Roma, mas toda a Itália, e ainda que talvez nenhuma dessas duas coisas possa ser dita propriamente de Dante, assim mesmo ele não deve ser desprezado; nunca deixaram as armas de ceder o lugar à ciência.[37] (105) Se antes, quando teria sido mais oportuno, o exemplo e as obras das sábias cidades não imitaste, emenda-te agora, seguindo-as. Nenhuma das sete cidades mencionadas houve que não tenha feito verdadeira ou falsa sepultura a Homero. E quem duvida que os mantuanos, que ainda em Piétola honram a pobre casinha e os campos que foram de Virgílio, não lhe teriam feito honrosa sepultura, se Otávio Augusto, que de Brundísio a Nápoles transportou seus ossos, não tivesse ordenado que o lugar em que os colocou fosse o de seu perpétuo repouso? A única coisa que Sermona[38] chorou por longo tempo é que a ilha do Ponto tenha em lugar incerto o seu Ovídio; e assim Parma de Cássio se alegra, pois ainda o tem.[39] (106) Procura, então, querer guardiã ser de teu Dante; reclama-o; mostra essa humanidade, ainda que não queiras reavê-lo; tira de ti mesma com este fingimento parte da reprovação obtida no passado. Reclama-o. Estou certo de que ele não te será devolvido; e ao mesmo tempo que te terás mostrado piedosa, gozarás, não o reavendo, de tua inata crueldade. (107) Mas para que tento te convencer? Mesmo que os corpos mortos possam sentir alguma coisa, acho difícil crer que o de Dante pudesse partir de onde está para retornar a ti. Ele jaz em companhia muito mais louvável do que tu poderias lhe dar. Ele jaz em Ravena, muito mais venerável pela idade do que tu; e embora sua velhice a torne um tanto disforme, ela foi na juventude muito mais florida do que tu és. Ela é quase um sepulcro comum de santíssimos corpos, e não há nela parte alguma em que, ao pisar, não se caminhe sobre reverendíssimas cinzas. Quem, então, desejaria regressar a ti para jazer entre as tuas, as quais se pode crer que ainda conservem a raiva e a iniquidade que tiveram em vida, e, discordes entre si, fujam uma da outra, assim como faziam as chamas dos dois tebanos?[40] (108) E mesmo que Ravena já esteja quase toda banhada do precioso sangue de muitos mártires, e hoje com reverência conserve suas relíquias, assim como os corpos de muitos magníficos imperadores e de outros homens ilustríssimos por seus antigos antepassados e por suas obras virtuosas, ela não se alegra pouco de lhe ter sido concedido por Deus, além de outros dotes, ser perpétua guardiã de tal tesouro, como é o corpo daquele cujas obras deixam admirado o mundo todo, e do qual não soubeste te fazer digna. (109) Mas por certo sua alegria por possuí-lo não é maior do que a inveja que sente de ti por seres a pátria de Dante, quase ressentida por ser lembrada pelo último dia do poeta e tu, ao lado dela, pelo primeiro. E que fiques, por isso, com tua ingratidão, e Ravena, contente por tuas honras, se glorie entre os pósteros.

(110) Assim, como demonstrado acima, o fim da vida de Dante foi exaurido pelos vários estudos; e porque me parece que seus ardores, a preocupação familiar e a pública, o miserável exílio e seu fim, conforme minha promessa, demonstrei suficientemente, julgo que seja o momento de começar a falar da estatura do corpo, dos hábitos e dos comportamentos mais notáveis que ele seguiu durante a vida; depois deles, passaremos imediatamente às obras dignas de nota que ele compôs em seu tempo, afetado por tantos turbilhões, como acima foi brevemente descrito.

(111) Era, portanto, este nosso poeta, de estatura mediana e, ao atingir a idade madura, ficou um tanto curvadinho, e seu caminhar era grave e manso, sempre com honestíssimos panos trajado naquele hábito que convinha à sua maturidade. (112) O rosto era longo, o nariz aquilino, e os olhos antes graúdos que pequenos, as maxilas grandes, e o lábio superior avançava sobre o inferior; de tez

morena, os cabelos e a barba volumosos, negros e crespos, e na face mostrava-se sempre melancólico e pensativo. (113) Por isso, aconteceu uma vez em Verona, estando já divulgada em todo o mundo a fama de suas obras, sobretudo a parte de sua *Comédia* que ele intitulou *Inferno*, conhecido por muitos homens e mulheres, que, passando ele diante de uma porta onde algumas mulheres estavam sentadas, uma delas disse às outras bem baixinho, mas não tanto que Dante e quem estivesse com ele não pudessem ouvir: "Mulheres, vedes aquele que vai ao inferno e volta quando bem quer, e traz aqui para cima as novas dos que lá embaixo estão?". Ao que uma outra respondeu com singeleza: "Realmente, deve ser verdade o que dizes: não vês como ele tem a barba crespa e a cor morena por causa do calor e da fumaça que há lá embaixo?". Ouvindo dizer estas palavras atrás de si, e percebendo que da crença pura daquelas mulheres provinham, o que lhe agradou, e quase contente que elas fossem de tal opinião, sorrindo um tanto, seguiu adiante.

(114) Nos costumes domésticos e públicos foi admiravelmente organizado e comedido, e em todos eles, mais que qualquer outro, cortês e civil.

(115) No comer e no beber foi moderadíssimo, tanto em realizá-los nas horas adequadas como em não ultrapassar o sinal da necessidade; nem teve jamais alguma curiosidade maior por um ou por outro: louvava as comidas delicadas, mas geralmente se alimentava das usuais, reprovando sobremaneira aqueles que fazem grandes esforços para obter as coisas seletas e mandá-las preparar com suma diligência; afirmando que estes tais não comem para viver, mas antes vivem para comer.

(116) Ninguém foi mais vigilante do que ele nos estudos e em qualquer outra preocupação que o pungisse; tanto que muitas vezes sua mulher e sua família sofreram, até que, habituadas a seus costumes, deixaram de se importar com isso.

(117) Raras vezes, se não era interrogado, falava, e nestas pesava as palavras e usava o tom adequado à matéria em questão; não obstante, quando necessário, foi eloquentíssimo e facundo no falar, e com ótima e pronta prolação.

(118) Imensamente se deleitou com as músicas e os cantos em sua juventude, e de todos que eram naquele tempo ótimos cantores ou instrumentistas foi amigo e os frequentou; e atraído por esses deleites compôs muitas coisas, que seus amigos, com melodia prazerosa e magistral, revestiam.

(119) Quão ferventemente foi ele ao amor submisso, já se demonstrou com bastante clareza. É firme crença de todos que este amor era o motor de seu engenho e que deveria mais tarde transformá-lo em poeta de língua vulgar, primeiro pela imitação, e depois, com o desejo de expressar mais plenamente suas paixões, e de alcançar a glória, exercitando-se zelosamente nessa língua, não só superou todos os seus contemporâneos, mas deu a ela tanto esplendor e beleza que muitos, então e depois seguindo-o, fez e ainda fará desejarem nela ser versados.

(120) Deleitou-se igualmente em estar só e afastado das pessoas, para que suas contemplações não fossem interrompidas; e mesmo que, estando entre pessoas, viesse até ele alguma de quem muito gostava, por mais que lhe perguntasse alguma coisa, jamais lhe respondia enquanto seu pensamento não chegasse a uma conclusão positiva ou negativa; o que muitas vezes, estando ele à mesa, ou a caminhar com companheiros, ou em outros lugares, lhe aconteceu ao ser questionado.

(121) Em seus estudos foi extremamente assíduo, todo o tempo que lhe era possível, tanto que nenhuma novidade que ouvisse podia desviá-lo deles. E, segundo contam alguns dignos de fé sobre este dar-se todo à coisa que lhe aprazia, estando ele certa vez em Siena, chegou por acaso ao estabelecimento de um boticário e ali recebeu

um livrinho prometido tempos antes, muito famoso entre os homens versados, mas que ele ainda não tinha visto, e, sem tempo para levá-lo a outro lugar, ali mesmo, sobre a bancada diante do boticário, encostou o peito, ajeitou o livrinho e começou a lê-lo avidamente. (122) E embora pouco depois, naquele mesmo bairro e diante dele, alguns rapazes nobres, por ocasião de uma festa pública dos senenses, começassem a fazer muitos exercícios de armas, e com eles altíssimos ruídos dos espectadores (como nestes casos com vários instrumentos e clamores sói acontecer) e muitas outras coisas ocorressem capazes de chamar a atenção de qualquer um, tais como danças de belas mulheres e jogos de rapazes, nunca ninguém o viu mover-se dali, nem erguer os olhos do livro uma vez sequer; ao contrário, tendo parado ali por volta do meio--dia, a tarde inteira se passou e ele o leu todo e compreendeu quase totalmente, antes que erguesse os olhos; afirmando depois, àqueles que lhe perguntavam como tinha podido resistir a olhar para festa tão bela como a que diante dele haviam feito, que nada havia ouvido; com o que, à primeira admiração dos que perguntavam, não indevidamente somou-se a segunda.

(123) Teve ainda este poeta capacidade admirável e inabalável memória e intelecto perspicaz, tanto que, estando em Paris, e submetendo-se aí a uma disputa *de quodlibet*[41] que nas escolas de teologia se fazia, primeiro, sem nada acrescentar e de forma ordenada, tal como haviam sido postas, apreendeu e recitou as catorze questões de diversos homens sábios sobre diversas matérias, com os argumentos a favor e contra defendidos pelos oponentes; e depois, seguindo aquela mesma ordem, resolveu-as acuradamente e respondeu aos argumentos contrários. O que foi considerado quase milagre pelos circunstantes.

(124) Teve igualmente altíssimo engenho e refinada invenção, tal como suas obras manifestam aos ouvintes muito mais do que poderiam fazer as minhas letras.

(125) Teve grande desejo de honra e pompas, talvez mais do que exigiria sua ínclita virtude. Mas, ora! Qual vida é tão humilde que não seja tocada pela doçura da glória? E por este desejo creio que amasse a poesia mais do que qualquer outro estudo, vendo que, embora a filosofia supere todas as outras em nobreza, sua excelência pode ser comunicada a poucos, e no mundo há muitos filósofos famosos, enquanto a poesia é mais compreensível e agradável a todos, e os poetas são raríssimos. Por isso, esperando conseguir alcançar pela poesia a inusitada e pomposa honra da coroa de louros, entregou-se todo a ela, estudando e compondo. (126) E por certo seu desejo teria se realizado, se a Fortuna o houvesse agraciado permitindo que alguma vez retornasse a Florença, pois apenas nesta cidade, nas fontes de São João, se dispunha a ser coroado,[42] para que ali, onde pelo batismo recebera o primeiro nome, ali mesmo pela coroação recebesse o segundo. Mas aconteceu que, embora seu mérito fosse muito, e por isso em qualquer lugar onde lhe agradasse tivesse podido obter a honra dos louros (que não aumenta a ciência, mas daquela conquistada é certíssimo testemunho e ornamento), mesmo assim, esperando aquele retorno que nunca haveria de chegar, não a quis obter em nenhuma outra parte; e então, sem ter a tão desejada honra, morreu. (127) Mas, uma vez que tanto se perguntam as pessoas o que é poesia, o que é poeta, de onde veio este nome e por que com louros são coroados os poetas, o que parece ter sido explicado por poucos, eu gostaria de fazer aqui uma digressão, na qual possa elucidar essas coisas o suficiente e voltar, assim que puder, ao meu propósito.

(128) A primeira gente nos primeiros séculos, embora fosse rudíssima e inculta, desejou ardentemente conhecer a verdade com afinco, tal como ainda vemos ser o desejo de todos por natureza.[43] Essa gente, vendo o céu mover-se continuamente com lei ordenada, e as coisas terrenas possuírem ordem certa e operações diversas em tempos

diversos, pensaram que necessariamente deveria haver alguma coisa da qual todas essas coisas procediam, e que todas as outras ordenava, tal como potência superior que não recebe sua potência de nenhuma outra. E, depois desta diligente investigação, imaginaram que esta potência superior, que chamaram de "divindade" ou "deidade", com todo tipo de culto, com toda honra e com mais que humana obediência deveria ser venerada. (129) E por isso ordenaram que se fizessem, em reverência ao nome desta suprema potência, amplíssimas e egrégias casas, as quais julgaram ainda deviam distinguir-se pelo nome, como já o eram pela forma, daquelas geralmente habitadas pelos homens; e as chamaram de "templos". Consideraram igualmente necessário ordenarem-se ministros, os quais fossem sagrados e, longe de qualquer outra preocupação mundana, se dedicassem somente aos serviços divinos, por maturidade, por idade e por costumes mais reverendos do que os outros homens; os quais denominaram "sacerdotes". Além disso, como representação da essência divina imaginada, fizeram com várias formas magníficas estátuas, e a serviço daquela baixelas de ouro, mesas de mármore, vestes purpúreas e outros utensílios assaz pertinentes aos sacrifícios por eles estabelecidos. (130) E, para que a tal potência não se fizesse honra tácita e quase muda, pareceu-lhes que com palavras de alto som deviam abrandá-la e torná-la propícia a suas necessidades. E assim como a julgavam exceder qualquer outra coisa em nobreza, assim quiseram que, longe de todo estilo plebeu ou público de falar, se encontrassem palavras dignas de ser proferidas diante da divindade, com as quais lhe rendessem sagradas orações. (131) E além disso, para que estas palavras parecessem ter mais eficácia, quiseram que fossem compostas sob a lei de certos ritmos, pelos quais se sentisse alguma doçura, e se afugentasse o aborrecimento e o tédio. E por certo não convinha fazê-lo em forma vulgar ou usual, mas sim engenhosa, primorosa e nova. A esta forma os gregos chamaram *poetes*, donde nasceu que aquilo que com tal forma fosse feito se chamasse *poesis*, e aqueles que o fizessem, ou tal modo de falar usassem, se chamassem "poetas".

(132) Esta foi, portanto, a primeira origem do nome da poesia, e por consequência dos poetas, embora outros atribuam outras razões para isto, talvez boas: mas eu gosto mais desta.

(133) Esta boa e louvável intenção da rude idade levou muitos a produzir diversas invenções só para aparecer no mundo que se multiplicava; e enquanto os primeiros homens honravam apenas uma divindade, os seguintes mostraram que eram muitas, conquanto dissessem ter aquela a primazia sobre todas as outras; e muitos destes quiseram que fosse o Sol, a Lua, Saturno, Júpiter e cada um dos outros sete planetas, dando seus efeitos como argumento de sua divindade; e por eles vieram mostrar que qualquer coisa útil aos homens, mesmo que terrena, era uma divindade, como o fogo, a água, a terra e semelhantes. A todas as quais ofereceram versos, honras e sacrifícios. (134) E depois, sucessivamente, muitos em muitos lugares começaram, cada qual segundo seu engenho, a se elevar acima da multidão inculta de sua região; resolvendo as questões primitivas, não segundo lei escrita, que ainda não possuíam, mas segundo alguma natural equidade, de que um mais que outro era dotado; dando ordem a suas vidas e seus costumes, pela própria natureza mais iluminados; resistindo com suas forças corporais às possíveis adversidades do futuro; e passaram a chamar-se reis; e a mostrar-se à plebe com servos e com ornamentos não usados pelos homens até então; a fazer-se obedecer; e, finalmente, a fazer-se adorar. O que, a quem quer que o concebesse, sem muita dificuldade acontecia, porquanto aos povos rudes pareciam, vendo-os assim, não homens, mas deuses. (135) Estes tais, não confiando muito em suas forças, começaram a incrementar as religiões, a amedron-

tar os súditos com a fé e, com os sacramentos, a coagir à obediência aqueles que não poderiam submeter com a força. E, além disso, puseram-se a divinizar seus pais, seus avós e seus antepassados, para que fossem mais temidos e reverenciados pelo vulgo. (136) Estas coisas não puderam ser feitas facilmente sem o ofício dos poetas, os quais, fosse para ampliar sua fama, fosse para agradar os príncipes, fosse para deleitar os súditos ou para persuadir cada um ao trabalho virtuoso — sem falar abertamente, pois teria sido contrário à intenção deles — com várias e eloquentes ficções, mal compreendidas pelos ignorantes de hoje e daquele tempo, faziam crer naquilo que os príncipes queriam que se cresse; usando para os novos deuses e para os homens que fingiam ter nascido dos deuses o mesmo estilo que somente para o verdadeiro Deus e para o seu louvor os primeiros homens haviam usado. (137) Daí se veio a igualar os feitos dos homens fortes aos dos deuses; donde nasceu o cantar com verso excelso as batalhas e os outros feitos notáveis dos homens misturados com os dos deuses; o que foi e é hoje, junto às outras coisas ditas acima, ofício e exercício de todo poeta. E porque muitos não entendedores creem que a poesia seja apenas um falar fabuloso, quero, além do prometido, demonstrar brevemente que poesia é teologia, antes de dizer por que de louros se coroam os poetas.

(138) Se nós quisermos observar com serenidade e com razão, creio que poderemos ver muito facilmente terem os antigos poetas imitado, tanto quanto ao engenho humano é possível, os vestígios do Espírito Santo; o qual, como na divina Escritura vemos, pela boca de muitos seus altíssimos segredos revelou aos pósteros, fazendo-os falar veladamente aquilo que, em seu devido tempo, por meio de obras, sem nenhum véu, pretendia mostrar. (139) É por isso que, se bem observarmos suas obras, para que o imitador não parecesse diferente do imitado, descreveram sob cobertura de algumas ficções o que tinha sido, ou o

que era no presente, ou o que desejavam ou presumiam que devesse acontecer no futuro; pelo que, embora uma e outra escritura não visassem ao mesmo fim, mas só ao modo de tratar, o que mais interessa agora ao meu pensamento, a ambas se poderia dar igual louvor, usando as palavras de Gregório. (140) O qual da sagrada Escritura diz aquilo que também da poética se pode dizer, ou seja, que ela num mesmo discurso, ao narrar, revela o texto e o mistério que há por trás dele; e assim, ao mesmo tempo com um exercita os sábios, e com o outro conforta os simples, e, com o que mostra abertamente, alimenta as crianças, e ocultamente reserva aquilo que possa manter as mentes dos sublimes entendedores suspensas com admiração. Por isso parece ser um rio, por assim dizer, raso e profundo, no qual o cordeiro pequenino possa caminhar com os pés, e o elefante grande possa nadar abundantemente. Mas para continuar é preciso verificar as coisas até aqui apresentadas.

(141) A divina Escritura, que nós chamamos "teologia", ora com a representação de alguma história, ora com a percepção de alguma visão, ora com o significado de algum lamento, e com tantas outras maneiras, pretende nos mostrar o alto mistério da encarnação do Verbo divino, a sua vida, as coisas ocorridas na sua morte, e a ressurreição vitoriosa, e a admirável ascensão, e todos os seus outros atos, pelo qual nós, instruídos, possamos chegar àquela glória que Ele, morrendo e ressuscitando, nos revelou, a qual por tanto tempo ficou fechada para nós por causa do pecado do primeiro homem. (142) Assim os poetas em suas obras, as quais nós chamamos "poesia", ora com ficções de vários deuses, ora com transformações de homens em várias formas, ora com graciosas persuasões, nos mostram as causas das coisas, os efeitos das virtudes e dos vícios, e o que devemos evitar ou seguir, para que possamos chegar, agindo virtuosamente, àquele fim que eles, sem conhecer devidamente o verdadeiro Deus,

acreditavam ser toda a salvação. (143) Quis o Espírito Santo mostrar na sarça verdíssima, na qual Moisés viu, como que numa chama ardente, Deus, que a virgindade Daquela que mais do que qualquer outra criatura foi pura, que devia ser morada e receptáculo do Senhor da natureza, não devia se contaminar pela concepção nem pelo parto do Verbo do Pai. Quis pela visão vista por Nabucodonosor, da estátua de muitos metais derrubada por uma pedra convertida em montanha, mostrar que todas as eras passadas deveriam ser suplantadas pela doutrina de Cristo, o qual foi e é pedra viva; e que a religião cristã, nascida desta pedra, se tornaria uma coisa imóvel e perpétua, tal como os montes que vemos. Quis nas lamentações de Jeremias declarar o futuro excídio de Jerusalém.

(144) Igualmente nossos poetas, imaginando que Saturno teve muitos filhos e que devorou todos, exceto quatro, nenhuma outra coisa quiseram nos fazer perceber por tal ficção senão que Saturno é o tempo, no qual se produzem todas as coisas, e como elas são produzidas nele, assim o tempo as corrompe todas, e as reduz todas a nada. Dos seus quatro filhos não devorados por ele o primeiro é Júpiter, isto é, o elemento do fogo; o segundo é Juno, esposa e irmã de Júpiter, isto é, o ar, mediante o qual o fogo aqui embaixo realiza seus efeitos; o terceiro é Netuno, deus do mar, isto é, o elemento da água; o quarto e último é Plutão, deus do inferno, isto é, a terra, mais baixa que qualquer outro elemento. (145) Igualmente imaginam nossos poetas que o homem Hércules foi transformado em deus, e Licáon em lobo, moralmente querendo nos mostrar que, agindo virtuosamente, como fez Hércules, o homem se torna deus por participar do céu; e, agindo viciosamente, como fez Licáon, por mais que pareça homem, na verdade se pode dizer que é aquele animal, que pelo efeito é mais semelhante ao seu defeito como todos sabem: assim se imagina que Licáon, por rapacidade e por avareza, as quais são muito conformes ao

lobo, foi transformado em lobo. (146) Igualmente imaginam nossos poetas a beleza dos campos Elíseos — o que eu entendo como a doçura do paraíso — e a obscuridade de Dite — o que eu tomo como a amargura do inferno — para que nós, atraídos pelos prazeres de um, e apavorados pelo tormento do outro, sigamos as virtudes que ao Elíseo nos conduzirão, e fujamos aos vícios que em Dite nos fariam precipitar. Deixo de tratar com exposições mais particulares estas coisas pois que, se eu quisesse esclarecê-las o quanto fosse necessário e possível, o que ainda as tornaria mais prazerosas e mais força dariam a meu argumento, duvido não me levariam muito além do que a matéria principal requer e além de onde eu quero ir. (147) E sem dúvida, se não se dissesse mais do que já foi dito, se deveria compreender suficientemente que a teologia e a poesia concordam quanto à forma de atuação, mas, quanto à matéria, digo que não são apenas muito diferentes, mas também contrárias em algumas partes: pois a matéria da sacra teologia é a divina verdade, enquanto a da poesia antiga são os deuses dos gentios e os homens. (148) São contrárias pois a teologia nada pressupõe que não seja verdade; a poesia supõe algumas coisas como verdadeiras, as quais são falsíssimas e errôneas e contra a religião cristã. (149) Mas, dado que alguns insensatos se insurgem contra os poetas, dizendo que estes compuseram fábulas indecentes, não consoantes a verdade alguma, e que de outra forma que não com fábulas deveriam mostrar sua habilidade e dar aos seculares sua doutrina, quero proceder ainda mais um pouco com o presente argumento.

(150) Olhem, portanto, estes tais, as visões de Daniel, as de Isaías, as de Ezequiel e dos outros do Antigo Testamento descritas com pena divina e mostradas por Aquele que não teve princípio nem terá fim. Olhem ainda no Novo as visões do evangelista, repletas de admirável verdade para aqueles que as entendem; e, se nenhuma fábula poética se encontra tão distante da verdade ou do

verossímil, como parece ser na camada externa em muitas partes, conceda-se que somente os poetas disseram fábulas que não podem dar deleite nem fruto. (151) Sem nada dizer da repreensão que fazem aos poetas, por terem mostrado sua doutrina em fábulas, ou melhor, sob fábulas, eu poderia passar; sabendo que, enquanto eles loucamente repreendem os poetas por isso, incautamente acabam por reprovar aquele Espírito, o qual nada mais é senão caminho, vida e verdade: mas ainda assim pretendo satisfazê-los um pouco.

(152) É coisa sabida que tudo aquilo que com esforço se conquista tem muito mais doçura do que aquilo que vem sem afã. A verdade plana, porque é logo compreendida com poucos esforços, deleita e atravessa a memória. Então, para que conquistada com esforço fosse mais grata, e assim melhor se conservasse, os poetas a esconderam sob coisas aparentemente muito contrárias a ela; e por isso fizeram fábulas, mais do que qualquer outra cobertura, para que a sua beleza atraísse aqueles que nem as demonstrações filosóficas, nem as persuasões haviam conseguido atrair para si. (153) Que diremos, então, dos poetas? Consideraremos que foram homens insensatos, como julgam os estultos do presente, falando e não sabendo o que dizem? Por certo, não; ao contrário, foram em suas atividades de um profundíssimo sentimento, como se vê no fruto escondido, e de excelentíssima e ornada eloquência na casca e nas frondes aparentes. Mas voltemos aonde paramos.

(154) Digo que a teologia e a poesia podem se dizer como que uma única coisa, quando a matéria for a mesma; aliás, digo mais: que a teologia não é outra coisa senão uma poesia de Deus. E que outra coisa é senão ficção poética dizer na Escritura que Cristo ora é leão, ora cordeiro, ora verme, ou dragão, ou pedra, e muitas outras formas que seria longuíssimo querer enumerá-las todas? O que mais expressam as palavras do Salvador no Evan-

gelho senão um discurso alheio aos sentidos? Este modo de falar nós chamamos, com um vocábulo mais usual, "alegoria". (155) Portanto, está claro que não apenas a poesia é teologia, mas também a teologia é poesia. E, por certo, se minhas palavras merecem pouca fé em tão grande coisa, não ficarei perturbado; mas creia-se em Aristóteles, digníssima testemunha de toda grande coisa, o qual afirma ter descoberto que os poetas foram os primeiros teólogos. E isto é suficiente quanto a essa parte; e voltemos a mostrar por que aos poetas apenas, entre os ilustrados, a honra da coroa de louros era concedida.

(156) Entre as várias nações, e são muitas sobre a superfície da terra, se crê que os gregos foram aqueles a quem primeiramente a filosofia revelou a si mesma e seus segredos; de seus tesouros eles tiraram a doutrina militar, a vida política e outras tantas coisas importantes, pelas quais se tornaram mais famosos do que qualquer outra nação e veneráveis. Mas entre as várias coisas, tiradas desse tesouro por eles, havia a santíssima sentença de Sólon posta no princípio desta pequena obra; e para que a república deles, que então mais do que qualquer outra florescia, andasse reta e se mantivesse sobre os dois pés, as penas dos culpados e as recompensas dos virtuosos magnificamente dispuseram e observaram. (157) Mas, entre as outras recompensas que eles estabeleceram para quem agisse bem, esta foi a principal: coroar em público, e com o consentimento público, com ramos de louro os poetas depois da vitória de seus esforços, e os imperadores, que vitoriosamente tivessem aumentado sua república; julgando que igual glória mereciam tanto aquele com cuja virtude preservasse e aumentasse as coisas humanas como aquele que das divinas tratasse. (158) E apesar de os gregos terem sido os inventores, esta honra passou depois aos latinos, quando a glória e as armas igualmente em todo o mundo deram lugar ao nome romano; e ainda, pelo menos nas coroações dos poetas, embora sejam raríssimas, per-

dura. Mas, por que para tal coroação o louro, e não outra folha, fora eleito, não será desagradável de ver.

(159) Existem alguns que acreditam, pois sabem que Dafne fora amada por Febo e em louro transformada, sendo Febo o primeiro autor e fautor dos poetas e igualmente triunfador, que ele, levado pelo amor àqueles ramos, com estes coroou suas liras e triunfos; daqui o exemplo ter sido adotado pelos homens, e por consequência aquilo que tinha sido feito primeiro por Febo ser a causa de tal coroação e de tais ramos até hoje para poetas e imperadores. E certamente tal opinião não me desagrada, nem nego que assim possa ter sido; todavia, uma outra razão me incita, que é esta. (160) Conforme afirmam aqueles que investigaram as virtudes das plantas, ou de sua natureza, o loureiro, entre suas outras tantas propriedades, possui três muito louváveis e notáveis: a primeira é, como vemos, que ele não perde nunca o verdor, nem as folhas; a segunda é que não se encontra notícia de esta árvore ter sido alguma vez fulminada, o que lemos não ter acontecido a nenhuma outra; a terceira, que é muito cheiroso, como podemos sentir. Os antigos inventores desta honra estimaram que essas três propriedades estavam em consonância com as virtuosas obras dos poetas e dos imperadores vitoriosos. (161) E primeiramente disseram que o perpétuo verdor dessas folhas demonstrava que a fama de suas obras, isto é, daqueles que com elas eram coroados ou seriam coroados no futuro, deveria existir para sempre. Depois pensaram que as obras desses tais eram de tanta potência, que nem o fogo da inveja, nem o fulgor do passar do tempo, que tudo consome, jamais poderiam fulminá-las, assim como o fulgor celeste não fulminava aquela árvore. E, além disso, diziam que as obras daqueles tais, com o passar do tempo, não deveriam ser menos agradáveis e prazerosas a quem as ouvisse ou as lesse, mas que deveriam ser sempre bem-vindas e cheirosas. (162) Daí que merecidamente a coroa de tais folhas, mais do que qual-

quer outra, era apropriada a tais homens, cujos feitos, tanto quanto podemos ver, eram conformes a ela. É por isso que, não sem razão, nosso Dante ambiciosamente desejava tal honra, ou melhor, tal testemunho de tamanha virtude, como é esta para aqueles que se fazem dignos de ter a cabeça adornada com essas folhas. Mas é tempo de voltar ao lugar de onde, entrando aqui, partimos.

(163) Foi o nosso poeta, além das coisas já ditas, de ânimo altivo e muito desdenhoso; tanto que, procurado por um amigo seu, pela insistência de seus pedidos para encontrar uma maneira de retornar a Florença, pois mais do que qualquer outra coisa era o que desejava extremamente, não encontrou junto àqueles em cujas mãos estava o governo da república nenhum modo para isto, exceto um, que era este: que ele por um certo período ficasse na prisão, e depois disso em alguma solenidade pública fosse misericordiosamente oferecido à nossa principal igreja e, por conseguinte, estaria livre e fora de toda condenação que antes lhe havia sido feita; isto lhe pareceu adequado e comum a qualquer homem vil e infame, mas não aos outros: por isso, apesar de seu maior desejo, preferiu ficar no exílio a voltar deste modo para sua casa. (164) Oh, louvável desdém de um magnânimo, quão virilmente agiste reprimindo o ardente desejo de voltar por via menos que digna para um homem nutrido no seio da filosofia!

(165) De forma muito semelhante teve uma excessiva confiança em si mesmo, e não lhe pareceu, segundo seus contemporâneos relatam, valer menos do que valesse; isso se manifestou, entre outras, numa coisa notável, enquanto estava com sua facção à frente do governo da república. Embora um irmão ou parente de Felipe, então rei da França, cujo nome era Carlos, fosse chamado por aqueles que haviam sido derrotados, por intermédio do papa Bonifácio VIII, para endireitar o estado de nossa cidade, reuniram-se em conselho todos os cabeças da facção, à qual Dante pertencia, para deliberar sobre este fato; e aqui, entre outras

coisas, deliberaram que se deveria enviar uma embaixada ao papa, que então estava em Roma, com a qual se induzisse o dito papa a se opor à vinda do dito Carlos, ou que ele viesse com o consentimento da facção que governava. (166) E chegada a hora de deliberar quem deveria ser o cabeça de tal legação, todos disseram que este seria Dante. A esse pedido Dante, refletindo um pouco consigo mesmo, disse: — Se eu vou, quem fica? Se eu fico, quem vai? — como se apenas ele entre todos contasse, e por ele todos os outros contassem. Estas palavras foram escutadas e registradas, mas o que se seguiu a isso não cabe neste momento, e por isso, passando adiante, deixo-o estar.

(167) Além dessas coisas, esse homem valente foi em todas as suas adversidades fortíssimo: apenas em relação a uma coisa, na atividade concernente à política, depois de ter sido exilado, não sei dizer se foi impaciente ou impetuoso muito mais do que era apropriado à sua qualidade, e do que ele queria que dele se pensasse. E para mostrar qual partido lhe fazia tão impetuoso e pertinaz, acredito que seja necessário proceder ainda um pouco escrevendo.

(168) Eu creio que a justa ira de Deus permitiu, já há muito tempo, que quase toda a Toscana e a Lombardia em dois partidos se dividissem: de onde tomaram tais nomes não sei; mas um se chamou e chama partido "guelfo", e o outro foi denominado "gibelino". E tão poderosos e reverentes foram esses dois nomes nos estultos espíritos de muitos que, para defender o partido escolhido contra o adversário, não era penoso perder os bens e até mesmo a vida, se necessário fosse. (169) E sob esses títulos muitas vezes as cidades itálicas suportaram gravíssimas opressões e mudanças; e dentre as outras a nossa cidade, como se fosse chefe de um e de outro nome, conforme as vicissitudes dos cidadãos; tanto que os antepassados de Dante, por serem guelfos, foram duas vezes expulsos de sua casa pelos gibelinos, e do mesmo modo ele, sob o título de guelfo, segurou as rédeas da república em Florença.

(170) Expulso dela, como foi mostrado, não pelos gibelinos mas pelos guelfos, e vendo que não poderia mais voltar, tanto mudou seu ânimo, que ninguém foi mais feroz gibelino e adversário dos guelfos quanto ele; e aquilo que mais me envergonha em serviço à sua memória é que na Romanha é coisa conhecidíssima que qualquer mulher, qualquer criança que falasse de política e fosse contrária aos gibelinos tê-lo-ia levado a tanta loucura, a ponto de fazer com que ele atirasse pedras, se não se calassem. E com esta animosidade viveu até a morte.

(171) Por certo eu me envergonho de ter que com algum defeito macular a fama de tal homem; mas a ordem iniciada das coisas o pede em algum lugar; pois se de suas coisas menos louváveis me calarei, darei menos fé às louváveis já mostradas. Portanto, com ele mesmo me desculpo, o qual talvez me observe, eu que escrevo, com olhar desdenhoso do alto do céu.

(172) Entre tanta virtude, entre tanto conhecimento, como foi demonstrado atrás, que tinha este mirífico poeta, encontrou amplíssimo lugar a luxúria, e não somente nos anos juvenis, mas também nos maduros. Este vício, apesar de ser natural, comum e como que necessário, na verdade não se pode louvar nem desculpar dignamente. Mas quem será entre os mortais juiz justo para condená-lo? Eu, não. (173) Ó pouca firmeza, ó bestial apetite dos homens, o que não podem fazer as mulheres para nós, quando querem, se mesmo não querendo podem grandes coisas? Possuem a graça, a beleza, o apetite natural e muitas outras coisas que trabalham continuamente para elas no coração dos homens; e que isto seja verdade, deixando estar o que fizeram Júpiter por Europa, ou Hércules por Íole, ou Páris por Helena, pois como são coisas poéticas muitas pessoas com pouco sentimento as chamariam fábulas, vejam-se as coisas que a ninguém convém negar. (174) Havia já no mundo mais do que uma mulher quando nosso primeiro pai, deixando o mandamento que

lhe fizera a própria boca de Deus, cedeu às persuasões dela? Por certo, não. E Davi, não obstante tivesse muitas mulheres, assim que viu Betsabé, por ela se esqueceu de Deus, de seu reino, de si e de sua honestidade, tornando--se primeiro adúltero, depois homicida: o que se deve crer que ele teria feito se ela lhe tivesse dado alguma ordem? E Salomão, cuja sabedoria ninguém nunca alcançou, exceto o filho de Deus, não abandonou quem sábio o fizera, e para agradar uma mulher se ajoelhou e adorou Baal? Que fez Herodes? Que fizeram outros tantos, por nenhuma outra coisa atraídos senão por seus prazeres? Portanto, entre tantos e tais exemplos, não desculpado, mas acusado, com a cabeça menos curvada do que se estivesse só, pode passar o nosso poeta. E por ora basta ter contado isso quanto aos seus costumes mais notáveis.

(175) Compôs este glorioso poeta em seus dias várias obras, das quais creio que seja conveniente fazer um registro ordenado, para que ninguém atribua a si algumas delas, nem sejam atribuídas a ele as de outros. Primeiramente, ainda durante as lágrimas pela morte da sua Beatrice, quase em seu vigésimo sexto ano, compilou em um livrinho, que ele intitulou *Vida nova*, algumas pequenas composições, como sonetos e canções, feitas em rima por ele anteriormente em tempos diferentes, maravilhosamente belas; antes de cada uma delas, separados e em ordem, escreveu os motivos que o tinham levado a fazê-las, e depois de cada uma anotou as divisões das obras precedentes. E embora em seus anos mais maduros sentisse muita vergonha de ter feito este livrinho, ainda assim, considerada sua idade, é muito belo e prazeroso, sobretudo ao vulgo.

(176) Vários anos depois dessa compilação, olhando do cume do governo da república, sobre o qual estava, e vendo de modo bastante amplo, tal como se pode ver destes lugares, qual era a vida dos homens, quais os erros do vulgo, como eram poucos os que não caíam nesses erros e de quanta honra eram dignos, e quão equivocados eram

aqueles que se aproximavam desta honra, condenando as ambições destes e muito mais as suas louvando, veio-lhe à mente um pensamento elevado, com o qual de uma só vez, quer dizer em uma mesma obra, decidiu, mostrando sua capacidade, punir com gravíssimas penas os viciosos e com altíssimos prêmios honrar os virtuosos, e preparar para si glória perpétua. E uma vez que, como já foi mostrado, ele havia anteposto a poesia a qualquer outra ocupação, julgou que deveria compor uma obra poética. (177) E, tendo antes muito premeditado o que deveria fazer, em seu trigésimo quinto ano começou a realizar aquilo que antes premeditara, isto é, seu desejo de punir ou premiar, segundo a diversidade e o merecimento, a vida dos homens. Como sabia que esta era de três espécies, a viciosa, ou a que sai dos vícios e vai para a virtude, ou a virtuosa, em três livros, começando pela punição da viciosa e acabando com o prêmio da virtuosa, admiravelmente a dividiu reunindo-os em um único volume, e ao todo deu o título de *Comédia*. Esses três livros, ele dividiu cada um em cantos e os cantos em tercetos, como se vê claramente; e o compôs em verso, na língua vulgar, com tanta arte, com ordem tão admirável e tão bela, que ainda não houve ninguém capaz de repreendê-lo com justiça por alguma de suas partes. (178) Quão habilmente poetou no volume todo, aqueles, aos quais foi dado o engenho necessário para entendê-lo, podem ver. Mas como vemos que as grandes coisas não podem ser compreendidas em pouco tempo, temos de reconhecer que uma empresa tão alta, tão grande, tão meditada, como foi a de querer encerrar poeticamente todos os atos dos homens e seus méritos em versos na língua vulgar e rimados, não foi possível ser concluída em pouco tempo; e principalmente por um homem que foi abalado por muitos e vários casos da Fortuna, todos cheios de angústia e envenenados pela amargura (como acima se mostrou que foi Dante); assim, desde o momento mencionado acima, ele a tão elevado trabalho se entregou até o extremo de sua vida, e apesar de ter composto nesse entrementes outras obras, como se verá, esta lhe deu afã contínuo. Não será excessivo mencionar em parte alguns incidentes ocorridos em relação ao princípio e ao fim dela.

(179) Digo que, no momento em que ele estava mais concentrado no glorioso trabalho, e já da primeira parte, cujo título é *Inferno*, havia composto sete cantos, imaginando admiravelmente e poetando de modo algum como pagão mas como cristianíssimo algo nunca feito antes sob aquele nome, aconteceu o grave incidente de sua expulsão, ou fuga, como se deveria chamar, e por isso, abandonando a obra e todas as outras coisas, incerto de si mesmo, começou a vagar com diversos amigos e senhores por muito tempo. (180) Mas, como devemos ter mais que certeza que a Fortuna não pode agir contra o que Deus dispõe, e por isso, mesmo que ela talvez ponha algum atraso, não pode desviar do seu devido fim, aconteceu que alguém, procurando algum documento, talvez necessário para ele, nas coisas de Dante que haviam sido escondidas rapidamente em algum lugar sagrado, no tempo em que tumultuosamente a ingrata e desordenada plebe correu para sua casa, mais desejosa de saques que de justa vingança, encontrou os mencionados sete cantos compostos por Dante, os quais leu com admiração, sem saber o que eram, e, agradando-lhe demais e retirando-os com astúcia de onde estavam, levou-os a um nosso cidadão, cujo nome era Dino do senhor Lambertuccio, naqueles tempos famosíssimo autor de poesias em Florença, e lhos mostrou. (181) Ao vê-los, Dino, homem de elevado intelecto, não menos que o outro que lhos trouxera, admirou-se tanto com o belo, polido e ornado estilo do discurso como com a profundidade do sentido, o qual sob a bela cobertura das palavras lhe parecia estar escondido: por essas coisas facilmente junto com aquele que os havia levado, assim como pelo lugar de onde os havia tirado, con-

siderou que fossem, como de fato eram, obra de Dante. E, lamentando esta estar inacabada, dado que não podiam presumir a qual fim chegaria, decidiram entre si descobrir onde Dante se encontrava e mandar-lhe aquilo que haviam encontrado, para que, se possível fosse, a tão grande princípio desse o fim imaginado. (182) E sabendo depois de algumas investigações que ele estava junto ao marquês Morruello, não a ele, mas ao marquês escreveram o que desejavam, e enviaram os sete cantos; depois que o marquês, homem assaz versado, os viu e muito os louvou consigo, mostrou-os a Dante, perguntando-lhe se sabia de quem era a obra; Dante os reconheceu imediatamente, e respondeu que era sua. Então o marquês lhe rogou que não deixasse sem o devido fim tão alto princípio. — Por certo! — disse Dante. — Eu acreditava tê-los perdido na ruína de minhas coisas com muitos outros livros meus, e por isso, tanto por acreditar nisso quanto pela grande quantidade das outras fadigas que sobrevieram por causa de meu exílio, havia abandonado totalmente a alta fantasia tomada para esta obra; mas, já que a Fortuna inopinadamente os colocou diante de mim, e já que lhe agrada, procurarei fazer voltar à minha memória o primeiro propósito, e procederei segundo a graça que me for dada. — E recuperada, não sem fadiga, depois de tanto tempo, a abandonada fantasia, continuou:

Io dico, seguitando, ch'assai prima etc.;[44]

onde assaz claramente, para quem bem observa, pode-se reconhecer a retomada da obra interrompida.

(183) Recomeçada, então, por Dante a magnífica obra, não, talvez como muitos poderiam pensar, sem interrompê-la, conduziu-a até o fim; aliás, muitas vezes, segundo a exigência da gravidade dos acontecimentos, por meses e anos, ficou sem poder trabalhar em nenhuma parte dela; e nem pôde se apressar para publicá-la toda antes que a

morte o alcançasse. Era de seu costume, quando havia feito seis, oito ou mais ou menos cantos, antes que outra pessoa os visse, mandá-los, de onde estivesse, ao senhor Cane della Scala, o qual ele mais do que qualquer outro homem tinha em reverência; e, depois que eram vistos por ele, fazia cópias para quem as quisesse. (184) E tendo desta maneira mandado todos os cantos, exceto os últimos treze, os quais já havia feito mas ainda não enviado, aconteceu que ele, sem lembrar de entregá-los, morreu. E aqueles que haviam ficado, filhos e discípulos, muitas vezes e durante meses, entre seus escritos procuraram ver se à sua obra tinha ele dado algum fim, e, não encontrando de modo algum os cantos restantes, estando todos os seus amigos aflitos que Deus não lhe houvesse concedido ficar no mundo o bastante para concluir o pouco que faltava à sua obra, desesperados, não os encontrando, deixaram de procurá-los.

(185) Iácopo e Piero, filhos de Dante, ambos autores de poesia, persuadidos por alguns amigos, começaram a querer terminar, o quanto lhes fosse possível, a obra paterna para que não ficasse inacabada; quando a Iácopo, o qual nisto era muito mais fervoroso que o irmão, apareceu uma admirável visão, a qual não apenas da estulta presunção o dissuadiu, mas ainda lhe mostrou onde estavam os treze cantos que faltavam à divina *Comédia*, os quais não haviam conseguido encontrar.

(186) Contava um eminente ravenate, cujo nome foi Piero Giardino, discípulo de Dante por muito tempo, que, depois do oitavo mês da morte de seu mestre, numa noite, perto da hora que nós chamamos "matinas", havia chegado a sua casa o mencionado Iácopo, e lhe disse que naquela noite, pouco antes daquela hora, havia em sonho visto Dante seu pai, vestido de candidíssimas vestes, com o rosto resplandecendo uma luz incomum, vir até ele; e lhe parecia perguntar se ele vivia, e ouvir dele como resposta que sim, mas da verdadeira vida, não da nossa; as-

sim, além disso, parecia-lhe perguntar ainda se ele havia completado sua obra antes de passar para a verdadeira vida, e, se concluído houvesse, onde estaria aquilo que faltava, o que eles nunca haviam conseguido encontrar. Parecia-lhe ouvir pela segunda vez como resposta: — Sim, eu a concluí. —; e então lhe parecia que o pegava pela mão e o levava ao quarto em que costumava dormir quando nesta vida vivia; e, tocando um lugar do quarto, dizia: — Está aqui o que vocês tanto procuraram. — E, tendo dito estas palavras, pareceu-lhe que ao mesmo tempo o sonho e Dante haviam partido. (187) Por isso afirmava que não podia ter deixado de vir lhe contar o que havia visto, para que juntos fossem procurar no lugar indicado a ele, o qual ele havia perfeitamente registrado na memória, para ver se espírito verdadeiro ou falsa ilusão lhe houvesse mostrado. (188) Por isso, faltando ainda grande parte da noite, caminharam juntos para o lugar indicado e ali encontraram uma esteira presa à parede, a qual facilmente levantaram, e viram um pequeno vão que antes nenhum deles nunca havia visto, sem saber que existia, e nele encontraram vários escritos, todos mofados pela umidade da parede e próximos de se deteriorar, se ali ficassem mais tempo; e, tendo eliminado o mofo com cuidado, leram e viram que continham os treze cantos tão procurados por eles. (189) Por isso, contentíssimos, os copiaram e, segundo o costume do autor, mandaram antes ao senhor Cane, para depois uni-los à inacabada obra como convinha. Desta forma a obra composta durante muitos anos se viu terminada.

(190) Muitos, entre os quais alguns sábios, colocam geralmente a seguinte questão: embora Dante fosse um homem de profundíssimo saber, por que se dispôs a compor esta obra tão grande, de tão elevada matéria e tão notável livro, como é esta sua *Comédia*, no idioma florentino; por que não antes em versos latinos, como os outros poetas anteriores haviam feito. Para responder a tal pergunta, entre

muitas razões, me ocorrem duas mais importantes que as demais. (191) Das quais a primeira é para dar maior utilidade aos seus concidadãos e aos outros italianos: sabendo que, se tivesse escrito metricamente em latim como os outros poetas do passado, somente aos letrados teria sido útil; escrevendo em vulgar, fez uma obra jamais realizada, sem excluir a possibilidade de ser compreendida pelos letrados, mostrando a beleza de nosso idioma e sua excelente arte com ele, e deleite e compreensão de si deu aos incultos, deixados para trás por todos. A segunda razão, que a isto o levou, foi a seguinte. (192) Vendo os estudos liberais totalmente abandonados, sobretudo pelos príncipes e pelos outros grandes homens, a quem costumavam-se dedicar as fadigas poéticas, e que por isso as divinas obras de Virgílio e dos outros poetas solenes não somente tinham se tornado de pouco valor, mas como que desprezadas pela maioria; tendo ele começado, conforme a altura da matéria requeria, desta maneira:

Ultima regna canam, fluvido contermina mundo, spiritibus quae lata patent, quae premia solvunt pro meritis cuicunque suis etc.[45]

os deixou estar; e, imaginando que em vão poria as crostas do pão na boca daqueles que ainda sugam o leite, em estilo apto aos sentidos modernos, recomeçou sua obra e a prosseguiu em vulgar.

(193) Este livro da *Comédia*, segundo contam alguns, ele dedicou a três soleníssimos homens italianos, segundo a sua tríplice divisão, uma parte a cada um, do seguinte modo: a primeira parte, isto é, o *Inferno*, dedicou a Uguiccione della Faggiuola, que era então na Toscana senhor de Pisa, admiravelmente glorioso; a segunda parte, isto é, o *Purgatório*, dedicou ao marquês Moruello Malespina; a terceira parte, isto é, o *Paraíso*, a Frederico III, rei da Sicília. (194) Alguns dizem que o dedicou todo ao

senhor Cane della Scala; mas, seja qual for dessas duas a verdade, nenhuma coisa temos senão as razões de uns e de outros; nem é fato tão importante que precise de uma investigação séria.

(195) Igualmente este egrégio autor na vinda do imperador Henrique VII compôs um livro em prosa latina, cujo título é *Monarquia*, que, segundo três questões contidas nele, em três livros dividiu. No primeiro, discutindo de acordo com a lógica, prova que para o bem-estar do mundo é necessário o império; esta é a primeira questão. No segundo, seguindo com argumentos históricos, mostra que Roma obteve com razão o título de império; esta é a segunda questão. No terceiro, com argumentos teológicos prova que a autoridade do império procede diretamente de Deus, e não mediante algum vigário seu, como parece que querem os clérigos; esta é a terceira questão.

(196) Este livro, muitos anos depois da morte do autor, foi condenado pelo senhor Beltrão, cardeal de Pouget e legado do papa na região da Lombardia, sendo papa João XXII. E a razão foi que Luís, duque da Baviera, eleito rei dos romanos pelos eleitores da Alemanha, vindo para sua coroação em Roma, contra os desejos do mencionado papa João que estava em Roma, fez, contra as ordenanças eclesiásticas, de um frade menor — chamado frei Pedro della Corvara — um papa, além de muitos cardeais e bispos; e ali por este papa se fez coroar. E, surgida então em muitos casos uma questão acerca de sua autoridade, ele e seus seguidores, encontrando esse livro, em defesa dela e de si começaram a usar muitos dos argumentos expostos nele; por isso o livro, que até então era apenas conhecido, passou a ser muito famoso. (197) Mas depois, voltando o mencionado Luís para a Alemanha, e seus seguidores, e principalmente os clérigos, estando arruinados e dispersos, o mencionado cardeal, sem que ninguém se opusesse a isso, tomou o livro supracitado e, em público, como se contivesse coisas heré-

ticas, o condenou ao fogo. E o mesmo tentava fazer com os ossos do autor, para eterna infâmia e humilhação de sua memória, se a isto não tivesse se oposto um valoroso e nobre cavalheiro florentino, cujo nome foi Pino della Tosa, que então estava em Bolonha, onde se discutia isso, e com ele o senhor Ostagio da Polenta, muito poderoso cada um deles frente ao referido cardeal.

(198) Além destes livros, compôs o mencionado Dante duas églogas mui belas, que foram dedicadas e enviadas por ele, como resposta a certos versos recebidos, ao mestre Giovanni del Virgilio, a respeito de quem acima já se fez menção.

(199) Compôs ainda um comentário em prosa em vulgar florentino sobre três de suas canções extensas, e, embora pareça que quando começou tivesse a intenção de comentá-las todas, depois, ou por mudança de propósito, ou por falta de tempo, não restaram outras comentadas por ele; e o intitulou *Convívio*, pequena obra mui bela e louvável.

(200) Depois, já perto de sua morte, compôs um pequeno livro em prosa latina, ao qual deu o título *Sobre a eloquência do vulgar*, onde pretendia dar os conhecimentos, a quem quisesse aprendê-los, sobre escrever em verso; e embora no mencionado livro apareça que ele tivesse em mente compor quatro livros, seja porque não fez mais nada surpreendido pela morte, seja porque os outros se perderam, mais não se veem senão dois apenas.

(201) Escreveu ainda este valoroso poeta muitas epístolas em prosa latina, das quais ainda restam várias. Compôs muitas canções extensas, sonetos e baladas de amor e morais, além dos que aparecem na sua *Vida nova*; a estas coisas não me preocupo em fazer menção especial no presente.

(202) Em tais coisas, como foram expostas mais acima, despendeu o ilustríssimo homem aquela parte de seu tempo que ele pôde furtar aos amorosos suspiros, às piedosas

lágrimas, às preocupações privadas e públicas e às várias flutuações da iníqua Fortuna: obras muito mais aceitáveis a Deus e aos homens do que os enganos, as fraudes, as mentiras, os roubos e as traições, os quais a maior parte dos homens praticam hoje, procurando por diversos caminhos um mesmo fim, isto é, o de se tornar rico, como se nisso estivesse todo bem, toda honra, toda felicidade. (203) Ó mentes tolas, uma breve partícula de uma hora separará o espírito do corpo caduco, e todas essas vituperáveis fadigas anulará, e o tempo, que costuma destruir todas as coisas, ou anulará rapidamente a memória do rico, ou a conservará por algum tempo para sua grande vergonha! Isso por certo não acontecerá ao nosso poeta; ao contrário, tal como vemos ocorrer com os materiais bélicos, que por serem usados se tornam mais brilhantes, assim acontecerá com seu nome: ele, por sofrer o atrito do tempo, sempre se tornará mais reluzente. (204) E, por isso, que se esforce quem quiser nas suas vaidades, e que lhe seja o bastante fazer isso, sem querer, com críticas que ele mesmo não entende, condenar o virtuoso agir de outros.

(205) Mostrou-se sumariamente qual foi a origem, os estudos, a vida, os costumes e quais foram as obras do esplêndido homem Dante Alighieri, poeta ilustríssimo, e com elas algumas outras coisas, fazendo uma digressão, conforme me permitiu Aquele que concede toda graça. (206) Bem sei, por muitos outros muito melhor e com mais discernimento poderia ter sido mostrado; mas quem faz o que sabe, nada mais lhe é pedido. Ter eu escrito como fui capaz não exclui que um outro, que acredita escrever melhor do que fiz, possa fazê-lo; aliás, se eu em alguma parte errei, talvez darei matéria a alguém para escrever, a fim de dizer a verdade, sobre nosso Dante, pois até agora não encontro quem o tenha feito. Mas minha tarefa ainda não chegou ao fim. (207) Uma breve parte, prometida no processo desta pequena obra, falta-me explicar, isto é, o sonho da mãe do nosso poeta, quando dele estava grávida,

visto por ela; do qual eu, quão mais brevemente saberei e poderei, pretendo me livrar, e finalizar a exposição.

(208) Em sua gravidez viu a nobre mulher a si mesma ao pé de um altíssimo loureiro, ao lado de uma fonte clara, parir um filho, o qual, como já contei mais acima, em breve tempo, alimentando-se das bagas que caíam do loureiro e das águas da fonte, se tornou um grande pastor, muito desejoso das folhas daquela árvore sob a qual estava; e enquanto se esforçava para pegá-las, parecia a ela que ele caía; e subitamente lhe parecia ver não mais ele, mas um belíssimo pavão. Por causa desta maravilha, a nobre mulher, comovida, interrompeu o doce sonho, sem mais nada ver.

(209) A divina bondade, que *ab ecterno*,[46] como no presente, prevê todas as coisas futuras, levada por sua própria benignidade, costuma, sempre que a natureza, sua ministra geral, está para produzir algum efeito inusitado entre os mortais, nos advertir com alguma manifestação através de sinais, sonhos ou outras maneiras, para que deste prenúncio possamos obter a prova de que todo conhecimento está no Senhor da natureza que tudo produz; tal prenúncio, se bem se observa, foi feito na vinda do poeta, de quem tanto se falou acima, ao mundo. (210) E a quem ele poderia dar este prenúncio que com tanto afeto fosse visto e guardado, senão àquela que da coisa mostrada deveria ser, aliás já era, mãe? Por certo a ninguém. Portanto mostrou a ela, e o que lhe mostrou já foi exposto pelo escrito acima; mas o que ele queria dizer deve ser visto com olhar mais arguto. Pareceu, então, à mulher parir um filho, e por certo assim o fez pouco tempo depois de ter visto a visão. Mas o que significa o alto loureiro sob o qual o pariu deve ser visto.

(211) É opinião dos astrólogos e de muitos filósofos da natureza que pela virtude e influência dos corpos superiores os inferiores são produzidos, alimentados e guiados, se uma potentíssima razão iluminada pela divina graça não

opõe resistência. Por isso, tendo visto qual corpo superior é mais potente no grau que se levanta sobre o horizonte na hora em que alguém nasce, dizem que o recém-nascido é disposto totalmente segundo aquele corpo mais potente, ou melhor, segundo suas qualidades. (212) Por isso o loureiro, sob o qual parecia à mulher dar ao mundo o nosso Dante, parece-me deve ser entendido como a disposição do céu na hora de seu nascimento, mostrando-se ser de tal modo que magnanimidade e eloquência poética demonstrava; o loureiro, árvore de Febo, significa essas duas coisas, e com seus ramos os poetas têm o costume de se coroar, como já foi suficientemente mostrado acima.

(213) As bagas, das quais se alimentava a criança nascida, entendo que são os efeitos já produzidos por tal disposição do céu, como foi mostrado; os quais são os livros poéticos e suas doutrinas, pelos quais livros e doutrinas foi profundissimamente nutrido, isto é, educado, nosso Dante.

(214) A fonte claríssima, de cuja água parecia a ela que ele bebia, julgo que não se deva entender senão como a uberdade da filosófica doutrina moral e natural; tal qual a água procede da uberdade escondida no ventre da terra, assim a essência e o motivo dessas doutrinas provêm das copiosas razões demonstrativas, que podem se dizer uberdade terrena: sem as quais, assim como o alimento ingerido não pode ficar bem disposto no estômago de quem come, sem beber, tampouco pode alguma ciência se adaptar bem aos intelectos de alguém, se pelas demonstrações filosóficas não for ordenada e disposta. Por isso podemos perfeitamente dizer que, com as águas claras, isto é, com a filosofia, dispôs em seu estômago, isto é, em seu intelecto, as bagas com que se nutriu, isto é, a poesia, que, como já foi dito, ele estudava com todo zelo.

(215) Sua repentina transformação em pastor mostra a excelência de seu engenho, por causa da rapidez; tal foi seu engenho e tão grande, que em breve espaço de tempo

compreendeu por meio do estudo aquilo que era necessário para se tornar pastor, isto é, aquele que doa pasto aos engenhos mais necessitados dele. E como mui facilmente todos podem compreender, há dois tipos de pastores: um é o dos pastores corporais e o outro, dos espirituais. (216) Os pastores corporais são de dois tipos, dos quais o primeiro é o daqueles que comumente por todos são chamados "pastores", isto é, os guardadores de ovelhas, de bois, ou de qualquer outro animal; o segundo tipo é o dos pais das famílias, por cujo zelo devem ser nutridos, guardados e governados os rebanhos dos filhos, serviçais e outros que estão sujeitos a eles. (217) Os pastores espirituais igualmente podem dizer-se de dois tipos, dos quais um é o dos que nutrem as almas dos vivos com a palavra de Deus: e estes são os prelados, os pregadores e os sacerdotes, a cuja custódia são confiadas as almas instáveis de todos aqueles que vivem sob o guia que foi dado a cada um; o outro é o daqueles que, com ótima doutrina, ou lendo o que os antigos escreveram, ou escrevendo de novo o que lhes parece não ter sido mostrado claramente ou ter sido omitido, educam as almas e os intelectos dos ouvintes ou dos leitores: os quais geralmente são chamados doutores, em qualquer disciplina que seja. (218) Neste tipo de pastor subitamente, isto é, em pouco tempo, se tornou nosso poeta. E que isto seja verdade, deixando de lado as outras obras compostas por ele, veja a sua *Comédia*, que com a doçura e a beleza do texto alimenta não só os homens, mas também as crianças e as mulheres; e com admirável suavidade dos profundíssimos sentidos que estão escondidos sob ela, depois de deixá-los suspensos por algum tempo, recria e alimenta os intelectos eminentes.

(219) O esforço para conseguir aquelas folhas, cujo fruto o alimentou, nada mais mostra senão o ardente desejo que tinha, como acima se disse, da coroa de louros; a qual por nenhum outro motivo é desejada, senão para dar testemunho do fruto. Enquanto ele mais ardentemente

desejava aquelas folhas, disse ela que o viu cair; este cair não foi outra coisa senão a queda que acontece a todos sem que nos levantemos mais, ou seja, a morte; o que, se bem se recorda o que foi dito mais acima, lhe aconteceu quando mais desejava ser laureado.

(220) Em seguida disse que de pastor subitamente o viu transformado em um pavão; por essa mudança podemos bem compreender sua posteridade, que, embora esteja em suas outras obras, vive principalmente na sua *Comédia*, que é, segundo meu juízo, perfeitamente conforme ao pavão, se as propriedades de um e de outro forem observadas. O pavão entre suas outras propriedades, pelo que se vê, tem quatro notáveis. (221) A primeira é que ele tem plumagem angélica, na qual há cem olhos; a segunda é que ele tem pés feios e passo silencioso; a terceira é que ele tem uma voz muito horrível de se ouvir; a quarta e última é que sua carne é cheirosa e incorruptível. Essas quatro coisas tem em si plenamente a *Comédia* do nosso poeta; mas, dado que de modo conveniente não se pode seguir a ordem em que foram postas, conforme virão mais oportunamente, ora uma ora outra, vou dispô-las, e começarei pela última.

(222) Digo que o significado da nossa *Comédia* é semelhante à carne do pavão, porque aquele, seja o significado moral ou teológico que deres a qualquer parte do livro que mais te agrada, é simples e imutável verdade, a qual não apenas não pode ser corrompida, mas quanto mais se observa, maior odor de sua incorruptível suavidade dá aos que a contemplam. E disso facilmente se poderiam mostrar muitos exemplos, se a presente matéria o permitisse; e por isso, sem dar nenhum, deixo que os procurem os entendidos.

(223) Angélica plumagem eu disse que cobria essa carne; e digo "angélica" não porque eu saiba se são feitas assim ou de outro modo as penas dos anjos, mas, conjecturando à guisa dos mortais, ouvindo que os anjos voam,

considero que devem ter penas; e, sem saber de outra mais bela entre os nossos pássaros, nem mais peregrina, que a do pavão, imagino que lhes foram feitas assim; e é por isso que não àquelas segundo estas, mas a estas segundo aquelas dou o nome, pois o anjo é pássaro mais nobre que o pavão. (224) Por essas penas, com que este corpo se cobre, entendo a beleza da história peregrina, que na superfície do sentido literal da *Comédia* aparece: tal como ter descido ao inferno e visto a disposição do lugar e as várias condições dos habitantes; ter ido sobre a montanha do purgatório, ouvido as lágrimas e os lamentos daqueles que esperam se tornar santos; e, por fim, ter subido ao paraíso e visto a inefável glória dos beatos: história tão bela e tão peregrina como jamais alguém pensou ou ouviu, dividida em cem cantos, tal como acreditam alguns que o pavão tenha na cauda cem olhos. (225) Esses cantos distinguem de modo perspicaz as variedades próprias do tratado, como os olhos distinguem as cores ou a diversidade dos objetos. Portanto, a carne do nosso pavão está bem coberta com a angélica plumagem.

(226) Do mesmo modo, o pavão tem os pés feios e passo silencioso: estas coisas concordam perfeitamente com a *Comédia* do nosso autor, pois, tal como sobre os pés parece que todo o corpo se sustenta, assim *prima facie*[47] parece que sobre o modo de falar toda obra composta de texto escrito se sustenta; e a língua vulgar, na qual e sobre a qual toda a articulação da *Comédia* se sustenta, é feia em relação ao elevado e magistral estilo literário que usam todos os outros poetas, embora seja mais conforme aos engenhos hodiernos do que as outras belas línguas. O passo silencioso significa a humildade do estilo, o qual nas comédias se exige por necessidade, como sabem os que entendem o que quer dizer "comédia".[48]

(227) Por fim, digo que a voz do pavão é horrível; a qual, apesar de a suavidade das palavras do nosso poeta ser muito grande à primeira vista, sem dúvida alguma a

quem bem observar dentro da medula, é perfeitamente adequada a ele. Quem grita de modo mais horrível do que ele quando com invectiva aspérrima condena os erros de muitos vivos e castiga os dos mortos? Que voz é mais horrível que a de quem castiga, para aquele que está disposto a pecar? Por certo nenhuma. Com as suas demonstrações, ele ao mesmo tempo assusta os bons e entristece os maus; por esse motivo, na medida que ele a usa, pode-se dizer que tem uma voz realmente muito horrível. Por esse motivo, e pelas outras coisas mencionadas acima, fica bastante claro que ele, sendo em vida pastor, depois da morte se tornou um pavão, assim como se pode crer que foi por divina inspiração mostrado no sonho para a querida mãe.

(228) Reconheço que essa exposição do sonho da mãe do nosso poeta foi feita por mim de modo muito superficial; e isto por várias razões. Primeiramente, porque talvez não houvesse a habilidade que se exige para uma coisa tão grande; em seguida, supondo que a houvesse, a intenção principal não permitia; por fim, mesmo que houvesse a habilidade e a matéria tivesse permitido, eu faria bem em não dizer mais do que foi dito, para que se deixasse algum espaço para outro, mais hábil e com mais desejo do que eu, dizer algo. E por isso, aquilo que foi dito por mim me parece suficiente, e aquilo que falta fique aos cuidados de quem vier depois.

(229) A minha pequenina barca chegou ao porto a que dirigiu a proa partindo da margem oposta; e apesar de o trajeto ter sido curto, e o mar, que ela sulcou, raso e tranquilo, não por isso deixo de render graças, por ter chegado sem impedimento, Àquele que emprestou vento favorável a suas velas. (230) A quem, com a máxima humildade, devoção e afeto que posso, não tais nem tão grandes como deveriam ser, mas de acordo com o que eu posso, rendo graças bendizendo eternamente seu nome e seu valor.

DE ORIGINE, VITA, STUDIIS ET MORIBUS
CLARISSIMI VIRI DANTIS ALIGERII FLORENTINI,
POETE ILLUSTRIS, ET DE OPERIBUS COMPOSITIS
AB EODEM, EXPLICIT

SOBRE A ORIGEM, A VIDA, OS ESTUDOS E OS COSTUMES
DO FAMOSÍSSIMO VARÃO FLORENTINO DANTE ALIGHIERI,
POETA ILUSTRE, E SOBRE AS OBRAS COMPOSTAS
POR ELE, ACABA

Notas

INTRODUÇÃO (pp. 7-25)

1. P. G. Ricci, "Introduzione" ao *Trattatello in laude di Dante*, in G. Boccaccio, *Tutte le opere*, Milão, Mondadori, 1974, v. III, p. 426.
2. M. Barbi, "Qual è la seconda redazione della «Vita di Dante» del Boccaccio?", in *Problemi di critica dantesca (Prima serie)*, Florença, Sansoni, 1934.
3. G. I. Lopriore, "Le due redazioni del 'Trattatello in Laude di Dante' del Boccaccio", in *Studi Mediolatini e Volgari*, Bolonha, Libreria Antiquaria Palmaverde, v. III, 1955, p. 60.
4. F. Maggini, "Il Boccaccio dantista", in *Miscellanea storica della Valdelsa*, XXIX, 1921, p. 119.
5. A. Rossi, "Dante nella prospettiva del Boccaccio", in *Studi danteschi*, XXXVII, 1960, p. 103.
6. G. Padoan, "Recensione" in *Studi sul Boccaccio*, I, 1963, p. 524.
7. O. Zenatti, in AA.VV., *Dante e Firenze: Prose antiche* (note illustrative ed appendici di Oddone Zenatti; nuova presentazione di Franco Cardini), Florença, Sansoni, 1984, p. 168.
8. J. Bartuschat, *Les "Vies" de Dante, Pétrarque et Boccace en Italie (XIVe-XVe siècles)*, Ravena, Longo Editore, 2007, pp. 79 e 106, respectivamente.
9. S. Bellomo, "Le novelle su Dante e il Trattatello di Boccaccio", in AA.VV., *Favole parabole istorie. Le forme*

della scrittura novellistica dal Medioevo al Rinascimento: Atti del convegno di Pisa, 26-28 ottobre 1998, Roma, Salerno, 2000, pp. 151 e 162, respectivamente.

10 V. Branca, *Boccaccio medievale,* Florença, Sansoni, 1986, pp. 287-8.

11 E. G. Parodi, *Lingua e letteratura,* Veneza, Neri Pozza, 1957, pp. 495 e 498, respectivamente.

VIDA DE DANTE (pp. 29-95)

1 Provável eco da epístola de Dante a Cangrande della Scala, quando o autor trata do estilo da *Comédia* (§ 31): "este é modesto e humilde".

2 Dante, na *Comédia,* emprega o termo *"scala"* para designar a longa subida até o último céu, o Empíreo; cf. *Paraíso,* X, 82-90, e XXVI, 109-14. Adverte-se que nas citações da *Comédia* o algarismo romano refere-se ao canto, e o arábico ao verso.

3 De acordo com uma lenda, a cidade teria sido destruída no século V d.C. por um rei bárbaro, chamado Átila por alguns, e Totila por outros; no entanto, Átila nunca chegou a Florença, e Totila assediou a cidade em 542, mas sem destruí-la. Boccaccio parece seguir o que havia narrado Dante no *Inferno,* XIII, 146-50.

4 Dante se encontra com Cacciaguida, seu trisavô, no *Paraíso,* XV-XVII.

5 O sobrenome de Dante aparece escrito de maneiras diferentes nos documentos de sua época; aqui, Boccaccio praticamente cunha a forma usada até hoje.

6 O sonho materno que prenuncia a grandeza do filho faz parte da tradição literária antiga e medieval. Na *Comédia,* por exemplo, Dante narra um caso semelhante relativo a são Domingos (*Paraíso,* XII, 58-66).

7 Segundo Boccaccio, nas *Esposizioni sopra la Comedia* (*Accessus,* 37), Dante significaria "aquele que dá", e para ele o poeta realmente deu muito por meio de suas obras, principalmente pela *Comédia*. É de se notar ainda que Boccaccio seguia uma sentença comum a várias

doutrinas medievais, mencionada por Dante na *Vida nova* (6, ed. Gorni), segundo a qual *"nomina sunt consequentia rerum"* [os nomes são consequências das coisas], ou seja, os nomes encontram correspondência com os objetos que nomeiam.

8 Por "língua vulgar" designa-se a língua falada pelo povo, neste caso, o "idioma florentino" (cf. § 9), em oposição ao latim, usado tradicionalmente pelo clero e pela aristocracia para a escrita.

9 De acordo com a história dos papas, Urbano IV morrera em 2 de outubro de 1264, e em 5 de fevereiro de 1265 foi eleito papa Clemente IV; trata-se, ao que parece, de um equívoco cronológico.

10 Dante, no *Convívio* (II, IV, 2), escreve: "Deve-se, portanto, saber inicialmente que os motores desses céus são substâncias separadas da matéria, isto é, Inteligências, as quais a gente comum chama de Anjos" (trad. Emanuel F. Brito, *Convívio*, São Paulo, Companhia das Letras, 2019, p. 149).

11 Folco Portinari descendia de família nobre e rica; sabe-se que fundou o hospital de Santa Maria Nuova, o maior de Florença, e morreu em 1289. É impressionante notar que deriva desta passagem a identificação de Beatriz como filha de Folco Portinari, pois o próprio Dante em nenhuma de suas obras sugere tal associação.

12 Bice é hipocorístico de Beatrice. Preferiu-se não traduzir o nome da musa de Dante, tendo em vista que tal aproximação se perderia no português.

13 Montes da Trácia recordados por Virgílio como lugar de clima frio extremo, em oposição às areias quentes da Líbia (*Geórgicas*, III, 349 ss.).

14 Os guelfos brancos, chefiados por Vieri de' Cerchi, e os guelfos negros, comandados por Corso Donati.

15 Dante se alia ao partido dos guelfos brancos neste momento.

16 No bimestre de 14 de junho a 14 de agosto de 1300, o poeta foi um dos governantes de Florença. Em 1301, agora como embaixador de sua cidade, encontrava-se em Roma com o papa Bonifácio VIII. No ano seguinte,

1302, quando voltava de sua missão, foi condenado por concussão, com pena pecuniária, confinamento por dois anos e exclusão dos ofícios públicos.

17 Todos personagens da história da república de Roma, que foram num primeiro momento louvados por suas importantes vitórias militares, mas depois exilados ou assassinados.

18 A mulher de Dante, Gemma, pertencia a um ramo da família Donati, que governava a cidade na época em que o poeta foi exilado.

19 Ao que se sabe hoje, Alberto della Scala já havia morrido quando Dante foi exilado; quem o acolheu foi seu filho, Bartolomeo della Scala, senhor de Verona e irmão do famoso Cangrande, de quem se falará mais adiante.

20 Não há documentos que comprovem a estada de Dante junto ao conde Guido Salvatico, que pertencia aos guelfos negros, partido oposto ao seu. Em relação a Malaspina (na grafia atual), há alguns registros, como um documento de 6 de outubro de 1306 em que Dante aparece como negociador político da família, uma carta sua ao marquês e o encontro com Corrado Malaspina no *Purgatório* (VIII, 112-39), que prediz a estada do poeta junto aos Malaspina na Lunigiana. Quanto aos Della Faggiuola, Dante, de acordo com esta biografia de Boccaccio, teria dedicado o *Inferno* a Uguiccione della Faggiuola.

21 Henrique, conde de Luxemburgo, foi consagrado imperador em Roma em 1312.

22 Clemente V foi papa de 5 de junho de 1305 a 20 de abril de 1314; sob seu pontificado a sede papal se transferiu para Avinhão, no sul da França.

23 A Igreja celebra a Santa Cruz no dia 14 de setembro. Há, no entanto, dois epitáfios compostos para a sepultura de Dante com a data de 13 de setembro; é de se acreditar, portanto, que ele tenha morrido na noite de 13 para 14.

24 A pequena capela em que hoje se encontram os ossos de Dante foi construída em 1780 pelo arquiteto Camillo Morigia sobre a antiga tumba em que jazia o poeta, ao lado da igreja de São Francisco em Ravena.

25 Guido Novello deixou Ravena em 1322 para governar Bolonha; Ravena ficou sob o comando de seu irmão Rainaldo, mas o primo Ostasio o assassinou e tomou o poder. Guido morreu em 1330.

26 Giovanni del Virgilio era professor em Bolonha, poeta de língua latina, famoso por ter escrito duas églogas a Dante, nas quais questionava, dentre outras coisas, o motivo do poeta florentino ter escrito a *Comédia* em língua vulgar. Dante respondeu a estas églogas, também em latim, defendendo o propósito de afirmar a grandeza do vulgar florentino. Sobre esta correspondência poética, ver Pedro F. Heise, "Tityre, quid Mopsus? — Dante e a retomada do gênero bucólico: uma leitura da primeira égloga dantesca", in *Ágora. Estudos Clássicos em Debate* (Revista da Universidade de Aveiro, Portugal), v. 22, pp. 129-49, 2020.

27 Refere-se à *Comédia* ("os locais para os mortos") e à *Monarquia* ("o reino com espadas gêmeas"), numa alusão à doutrina das duas espadas divulgada pelo papa Bonifácio VIII, que defendia o poder da Igreja sobre as coisas sagradas e as terrenas. Dante, na *Monarquia* (bem como na *Comédia*), propugna veementemente a separação dos dois poderes, antecipando em dois séculos o ideal político defendido por Maquiavel. A *Comédia* foi escrita em modo "laico" porque Dante usou a língua vulgar e a *Monarquia* em modo "retórico" porque escrita em latim.

28 Alude às *Églogas*, do gênero idílico. É de se notar a ausência do *Convívio* e do *De vulgari eloquentia*, incompletos e inéditos; quanto à *Vida nova*, pode-se pensar que Giovanni del Virgilio, enquanto defensor do latim, não considerasse relevante a obra juvenil de Dante, pois seria apenas de argumento amoroso e escrita em língua vulgar.

29 Tradução literal do epitáfio: "Dante, teólogo não desprovido de nenhuma das doutrinas/ que a filosofia nutre em seu ilustre seio,/ glória das musas, autor mui caro ao povo,/ jaz aqui, e com a fama toca ambos os polos:/ ele assinalou os locais para os mortos e o reino com espadas gêmeas,/ em estilo retórico e laico./ Os pastos ressoavam com as flautas píeres quando,/ ai!, a lívida Átropos inter-

rompeu a fecunda obra./ A ele a ingrata Florença ofereceu triste fruto,/ o exílio, pátria cruel com seu vate./ A pia Ravena goza de tê-lo acolhido/ no grêmio do honrado senhor Guido Novello./ No ano mil trezentos e vinte e um do Nume,/ nos idos de setembro, voltou à sua estrela".

30   Cidade do Peloponeso, orgulhosa de seus reis Agamêmnon e Menelau.

31   Esmirna, cidade da Jônia. No entanto, pelo que se sabe hoje, Nicolau foi bispo de Mira, na Lícia (Turquia); a confusão deve provir das formas "Myrre" e "Smyrre", usadas na Idade Média.

32   Personagem da *Ilíada* e da *Odisseia*, da cidade de Pilos, na Grécia.

33   Cumas, no sul da Itália, Quios, ilha do mar Egeu, e Cólofon, na Jônia, cidades que disputavam a honra de ser o berço de Homero.

34   Todos personagens da Roma antiga famosos por seus grandes feitos.

35   O poeta Cláudio Claudiano (*c*. 370-*c*. 404 d.C.) tinha nascido em Alexandria, no Egito, mas na Idade Média era considerado florentino.

36   Cipião, contudo, morreu em Literno (no sul da Itália), mas o equívoco se deve ao texto do historiador Paulo Orósio, em que diz que Cipião teria morrido "*apud Amiternum*" (*Libri* VII *adversus paganos*, IV, 20, 29). Boccaccio diz que Cipião negou ser enterrado em Roma "não sem razão", pois abandonara a vida pública romana ao ser intimado a fazer uma prestação de contas de sua gestão. Cf. Valério Máximo, *Factorum et dictorum memorabilium libri*, V, III, 2b, e Tito Lívio, *Ab urbe condita*, XXXVIII, 50-53.

37   Reminiscência da famosa sentença de Cícero: "*Cedant arma togae*" (*De officiis*, I, 77).

38   Outra grafia para Sulmona.

39   Caio Cássio Severo, conhecido como "Parmense" (em latim, Parmensis), devido à sua cidade natal, participou da conjura, encabeçada por Bruto e Cássio Longino, que levou ao assassinato de Júlio César; morreu em Atenas em 30 a.C.

40 Alusão ao mito de Etéocles e Polinice, filhos de Édipo, rei de Tebas. Édipo declara aos filhos que eles mesmos se matariam; assim os irmãos decidem que cada um deles reinaria por um ano, mas Polinice se nega a dar o poder a Etéocles. Etéocles ataca Tebas e no combate os dois morrem. O próprio Boccaccio já havia usado este mito no *Teseida* (I, 14 e II, 10-12), encontrado também em Dante, no *Inferno* (XXVI, 52-54).

41 Disputa pública que acontecia em algumas universidades europeias naquela época a respeito de algum tema. Consistia em um quesito sugerido não pelo professor, mas por uma pessoa qualquer presente (*quodlibet* significa, literalmente, "o que agrada") a respeito do qual se davam duas soluções diferentes; em seguida, o disputante optava por uma das soluções alegando os argumentos justificativos dessa escolha e desmontava os apresentados pela outra solução.

42 Notícia fornecida pelo próprio Dante no *Paraíso*, XXV, 1-9, quando alude ao desejo de voltar à pátria para ser coroado poeta na fonte de seu batismo; em Florença, na sua época, os batismos aconteciam na igreja de São João.

43 Cf. Aristóteles, *Metafísica*, I, 1, 980 a 21; Dante retoma este conceito no começo do *Convívio*, I, 1, 1.

44 "Eu digo, prosseguindo, que muito antes etc". *Inferno*, VIII, 1.

45 Tradução literal: "Os reinos extremos cantarei, confins do mundo fluido,/ que se abrem amplamente aos espíritos, que prêmios lhes dão,/ pelos méritos de cada um etc.".

46 Desde sempre.

47 À primeira vista.

48 Nas *Esposizioni sopra la Comedia* (*Accessus*, 17-26), Boccaccio discorre sobre o título da obra de Dante, baseando-se num trecho da epístola a Cangrande della Scala (30): "Do mesmo modo tragédia e comédia se diferenciam quanto à linguagem que é elevada e sublime na tragédia, modesta e humilde na comédia [...]".

Esta obra foi composta em Sabon por Alexandre Pimenta
e impressa em ofsete pela Geográfica
sobre papel Pólen Soft da Suzano S.A.
para a Editora Schwarcz em outubro de 2021

A marca FSC® é a garantia de que a madeira utilizada na fabricação do papel deste livro provém de florestas que foram gerenciadas de maneira ambientalmente correta, socialmente justa e economicamente viável, além de outras fontes de origem controlada.